MEIN PAPA BUD

*Ich widme dieses Buch
meinen Kindern Nicolò und Sofia,
meiner unerschöpflichen Quelle
der Liebe …*

CRISTIANA PEDERSOLI

MEIN PAPA BUD

Erinnerungen an meinen Vater
Mit einem Beitrag meiner geliebten Mutter
Maria Amato Pedersoli

SCHWARZKOPF & SCHWARZKOPF

»*Alle Menschen träumen, aber nicht alle gleich. Die in der Nacht in den staubigen Winkeln ihres Gehirns träumen, wachen am Tag auf und wissen, dass es nur Schäume waren; aber die Tagträumer sind gefährliche Menschen, denn sie können ihre Träume mit offenen Augen leben, um sie in die Tat umzusetzen.*«   T. E. LAWRENCE

Inhalt

Ich danke meiner Mutter für die Liebe, die sie mir in meinem bisherigen Leben geschenkt hat, und für die Unterstützung beim Schreiben dieses Buches. Ich danke Manlio Denaro, ohne den ich diese Geschichte der Erinnerungen nie begonnen hätte.

1

Lieber Papa!

Es ist schwer, mit dem Verlust eines so wichtigen und imposanten Menschen wie dir in meinem Leben umzugehen. Das Schreiben dieses Buches hat es mir ermöglicht, unvergessliche Momente noch einmal zu durchleben und das Gefühl zu haben, dass du immer noch hier bei mir und bei uns bist. Viele Male habe ich angefangen, dir einen Brief zu schreiben, was ich dann aber wieder aufgab. Jetzt habe ich es endlich geschafft und hoffe, dass er dein Herz erreicht, wo auch immer du bist.

Lieber Papa,

ich vermisse dich – drei Worte, die voller Gefühl die große Leere zum Ausdruck bringen, die du in mir hinterlassen hast. Wenn ich dich in meinen Erinnerungen suche, erscheinen mir Bilder ohne chronologische Reihenfolge, wie in einem Film, der ohne jegliche Logik außer der meiner eigenen Gefühle abläuft. Es war harte Arbeit, dieses Buch zu schreiben, um meine Emotionen und die Erinnerungen, die uns verbinden, zu ordnen. Es war nicht einfach, diesen Brief zu schreiben, den du nie bekommen wirst. Aus diesem Grund habe ich einige Male damit begonnen, aber ihn nie beendet. Jetzt, da ich es geschafft habe, meine Gefühle in einem Buch auszudrücken, indem ich erzähle, was du mir an Lehren und Werten hinterlassen hast, kann ich dir diese Zeilen schreiben.

Papino, die Zeit spielt seltsame Spielchen, sie fließt für alle in Tagen, Monaten und Jahren dahin, aber ihre Wahrnehmung ist subjektiv. Seit drei Jahren bist du nicht mehr hier, aber in meinem Herzen fühlt es sich an wie nur wenige Tage. In einigen Momenten gewinnt der zeitliche Raum seine Objektivität zurück, sodass ich sehe, wie erwachsen meine Kinder geworden sind, ich erinnere mich an das, was du mir geraten hast: »Liebe das Leben, bekämpfe es nicht.« Nicolò war dein erster Enkel, du hast ihn sofort in dein Herz geschlossen. Jetzt sehe ich in ihm viele Dinge von dir, etwas, was ich vorher nicht bemerkt habe. Seine Hartnäckigkeit und seine Loyalität sind ein Teil von dir.

Ich machte mir ständig Sorgen um seine Zukunft, und du hast mir immer gesagt: »Lass ihn seinem Herzen und seiner Leidenschaft folgen, er wird seinen Weg allein finden, du musst ihn nur lieben und unterstützen.« Wie viel Weisheit in deinen Worten liegt! Du hast mich gelehrt, eine Mutter zu sein. Und so folgte Nicolò seiner Leidenschaft, und heute liebt er seine Arbeit, so wie du deine geliebt hast.

Deine Enkelin Sofia ist jetzt eine Frau, »schön und geheimnisvoll«, wie du sie beschrieben hast. Sie hat von dir geerbt, an die innere Tiefe zu glauben, die Herzen sensibel, stark und zerbrechlich macht. Gleichzeitig ist sie kämpferisch und akzeptiert keinen Kompromiss. Sofia ist stolz darauf, für das zu kämpfen, was sie für richtig hält, und sie hat dein phänomenales Gedächtnis geerbt, ein großes Geschenk.

Wie wichtig unsere Gespräche waren, konnten wir doch gut miteinander reden und uns austauschen. Du hast mich immer unterstützt, indem du mich zum Handeln gebracht hast, mit deinen Wetten hast du mich immer angespornt. So begann ich zu malen und dann Skulpturen zu schaffen, und jetzt spornst du mich auch zum Schreiben an.

Nun, du hattest recht, Papa, das Leben ist schön und faszinierend in all seinen Facetten. Ich habe gelernt, weniger ungestüm zu sein und das Leben bedingungslos zu akzeptieren. Du hattest recht, der Schmerz ist ein großer Meister. Er erlaubt es einem, Dinge an sich zu entdecken, die man nicht sehen wollte oder die man nicht für existent hielt. Jeden Tag wiederhole ich deine Worte: »Genieße jeden einzelnen Moment und lebe die Gegenwart … und was sein wird, wird sein, *futtetenne*!« Deine Lebensphilosophie und dein Geist begleiten mich jeden Tag, auch wenn ich unsere Gespräche und deine Anwesenheit sehr vermisse.

Wenn ich dir von den Schwierigkeiten erzählen würde, vor die mich das Leben gestellt hat, und von den vielen Dingen, die ich getan und erkannt habe, weiß ich, dass ich dich glücklich machen würde. Du wärst stolz auf mich, so wie du es immer in anderen Situationen warst.

Es ist wahr, ich möchte dir tausend Dinge sagen, aber vor allem werde ich dir eine Sache mit einem weit geöffneten Herzen sagen: Du warst und bist für mich nicht nur ein Vater, sondern auch ein Lehrer des Lebens.

Du lebst in jedem von uns, nicht nur als Erinnerung, sondern als Teil dessen, was wir sind. Ich liebe dich, ich verdanke dir, wer und wie ich geworden bin und wie ich mich dem

Leben gestellt habe, ich verdanke es deinen Ratschlägen und deinem Beispiel. Denn das alles ist Bud Spencer, die Freude, ein Leuchtfeuer, dem man folgen kann, und vor allem eines: mein lieber Papa.

Deine Cri Cri

2

Mein Papa Bud

Ich male seit meiner Kindheit, und das oft nachts. Wenn ich mich ins Bett lege, kommt der Schlaf nur langsam, und dann verlieren sich meine Gedanken in den unendlichen Weiten der Erinnerung. Vielleicht ist es die tiefe Stille der Nacht, die zur Meditation anregt, und dann beginnen Ereignisse der Vergangenheit, sich wie ein Film vor meinem inneren Auge abzuspielen. Ich sehe meine Kindheit und meine Jugend vorbeiziehen wie das Wasser eines Flusses, der manchmal schnell fließt, von einer heftigen Strömung gezogen. Ich kehre in meinen Gedanken zu dem kleinen Fluss zurück, der neben unserem Haus ins Meer floss, auf der Halbinsel Monte Argentario, wo wir den größten Teil des Sommers verbrachten. Wir Kinder liefen das Ufer des Flusses auf und ab, spielten und sammelten Holz und Steine, die wir dann am Strand bemalten und verkauften. So frei wie an diesem Ort habe ich mich nirgendwo gefühlt.

Aber es war in unserem Landhaus in Morlupo, einem kleinen Dorf in der Nähe von Rom, wo ich mich inspirieren ließ, diese meine Erinnerungen zu sammeln. Es ist ein ganz besonderer Ort für unsere Familie. Wir verbrachten unsere glücklichsten Momente dort, Feiertage und Hochzeiten sowie die Taufen und Kommunionen unserer Kinder. Es ist ein kleines Paradies, wir nennen es »Tara«, wie die Baumwollplantage in *Vom Winde verweht*, weil meine Mutter zu diesem Ort die gleiche enge Bindung hat wie Scarlett O'Hara zu ihrem Land.

Das Haus liegt inmitten eines großen Anbaugebietes mit majestätischen Obstbäumen, Weinbergen und Gärten. Dort verbrachte ich die meiste Zeit meiner Kindheit damit, mit den Hasen zu spielen, vor den Hühnern wegzulaufen, mich im Gras zu wälzen und im Schatten des Weinbergs zu verweilen, der voll von reifen Trauben war und deren süßer Duft in der Luft lag. Indem ich meiner Mutter immer bei der Gartenarbeit zusah, gab sie mir ihre Geheimnisse für den richtigen Anbau von Gemüse weiter. Ich begann, das Land und die Natur zu lieben, sie zu respektieren und vor allem die Schönheit in jedem Detail zu sehen.

An den Nachmittagen, die ich in diesem Haus verbrachte, lernte ich den vollen Geschmack einer noch sonnenwarmen Tomate sowie den von heißer Marmelade aus frisch gepflücktem Obst kennen. Ich erinnere mich, dass wir im Herbst zusammen mit den Bauern geerntet haben, wir Geschwister mit unseren Cousins. Wir haben die Trauben in unseren Schubkarren vom Weinberg zum Hof gebracht und sie dann mit den Füßen in einer riesigen Holztonne zerquetscht, immer begleitet von einem Erwachsenen, der uns nicht aus den Augen ließ. Am Ende des Tages waren wir von Kopf bis Fuß mit Traubenmatsch bedeckt, und unsere Wangen waren rot vor Aufregung und Müdigkeit. Die Freude an diesen Momenten und unser ausgelassenes Lachen dabei lassen mich noch heute lächeln. Die Erinnerungen an diese wunderbaren Sommer verbinden uns Kinder heute noch.

An einem Wochenende auf dem Land, während ich wieder mal diese altbekannten Gerüche und Geschmäcker in dieser vertrauten, familiären Atmosphäre genoss, kam mir die Idee, meine Erinnerungen aufzuschreiben. So als ob ich das Bedürfnis verspürte, ein neues Kapitel in meinem Leben aufzuschlagen, um … ja, um eine neue Reise zu machen!

Nach anfänglichem Zögern nahm ich allen Mut zusammen, und es war, als würde ich jene Episoden, die unser Familienleben prägten, noch einmal durchleben; wie Atemzüge, die die Seele streichelten, drängten die Erinnerungen wieder in mein Bewusstsein, und ich nahm Papier und Feder zur Hand.

Dann schloss ich meine Augen und versuchte, in das Weiß der Blätter einzudringen – so wie ich es tue, wenn ich vor einer leeren Leinwand sitze, bevor ich anfange, sie zu bemalen. Und siehe da, schon befand ich mich in einem bestimmten Moment meines Lebens.

Ich muss anderthalb oder zwei Jahre alt gewesen sein und im Laufstall mitten in unserem Wohnzimmer gesessen haben. Ich erinnere mich, wie Papa nach Hause kam. Der Klang seiner Schritte und seine unverwechselbare tiefe Stimme kündigten mir an, dass er kommen würde – kommen, um mich zu retten! Als er vor mir stand, hob er mich mit seinen großen, wunderbaren Händen hoch, und ich, überglücklich, klammerte mich schnell an ihn, aus Angst, dass mich wieder verlassen würde. Er lachte und sah mich an, dann sagte er mir mit donnernder Stimme: »Du bist zum Knutschen!« Dann begannen wir einen Kusswettbewerb, der Gewinner war derjenige, der mehr Küsse verteilte. Ich kam mir vor, als würde ich in seinen großen Händen fliegen, ich fühlte mich leicht und sicher, glücklich und geschützt. Sein Duft berauschte mich und erfüllte den ganzen Raum. Das war ein Moment der reinen Freude, mein Papa Bud war alles für mich.

Momente wie diese gab es in meiner Kindheit viele. Papa schaffte es immer, meine Aufmerksamkeit mit seinen lustigen Grimassen und seinen netten Gesten zu bekommen, ganz gleich ob er so tat, als würden Rebhühner auf meinem Bauch tanzen, oder ob er mit lustigen Geräuschen den Raum füllte. Ich war dann immer voller Begeisterung und unbändiger Freude und wiederholte endlos: »Noch mal! Noch mal!«

Papa konnte mich vor Lachen verrückt machen. Seine einzigartige Mimik und seine natürliche Verspieltheit schafften es immer wieder, dass ich mich vor Lachen kaum halten konnte. Papa liebte es zu mimen, immer im neapolitanischen Dialekt. Er machte oft eine Maus im Streit mit einem Löwen nach. Durch seine Aussprache und seine Mimik machte er sie so komisch, dass ich nicht aufhören konnte zu lachen, obwohl ich diese Vorführungen schon oft gesehen hatte. Er veränderte seine Stimme, je nachdem, welchen Charakter er sprach. Mal schwoll sie so laut wie die eines Löwen an oder wurde so piepsig wie die einer Maus. Nach Späßen wie diesen war ich erschöpft vor Freude.

Das waren wertvolle Momente, denn Papa war im täglichen Familienleben nicht sehr präsent, weil er oft beruflich unterwegs war. Aber wenn er zu Hause war, widmete er uns Kindern jede Sekunde, indem er uns all seine unendliche Fantasie und seine überfließende Sympathie gab.

Auch nach dem Mittagessen, wenn er sich ausruhen wollte, nahm er mich mit, weil er sich nicht von mir trennen
konnte, und so schlief ich friedlich auf seinem Bauch ein.
Das sind Momente, die sich in mein Gedächtnis eingebrannt
haben, Szenen, die ich in mir trage. Ich bewahre eine un-
auslöschliche Erinnerung an das Glück in mir auf, das ich
damals empfand, und den Versuch, unbedingt noch etwas
wach zu bleiben, um diese exklusiven Momente in vollen
Zügen zu genießen. Aber dann schlossen sein rhythmischer
Atem und die Stille des Raumes meine Augenlider, und ich
ließ den Schlaf zu. Es kam mir vor, als ob ich auf seiner Seele
schwebte.

Es sind diese Momente der Liebe, die aus mir die Frau
gemacht haben, die ich jetzt bin, Tag für Tag. Die Gewiss-
heit seiner Gegenwart und Liebe, seiner Vitalität und seines
Optimismus haben sich in mir verankert. Genau das ist es,
was ich für *Reichtum* halte.

3

Buds Kindheit

Mein Vater wurde im Morgengrauen des 31. Oktober 1929 in der schönen Stadt Neapel geboren, genauer gesagt in der Via Generale Orsini 40, nur wenige Meter vom Meer entfernt. Im Pedersoli-Haus gab es eine große Feier, denn die Hausgeburt hatte viele Stunden gedauert, bis endlich ein hübsches, sechseinhalb Kilo schweres Baby zur Welt gekommen war. Im selben Haus wohnte die Familie des Bruders meines Großvaters mit Papas Cousin Alessandro, und im Obergeschoss lebte Luciano De Crescenzo, der spätere Philosoph und Schriftsteller, mit dem Papa von Kindheit an eine tiefe Freundschaft verband, weil er den kleinen Luciano vor den bösen Buben aus der Nachbarschaft verteidigte und ihn beschützte, da er nicht besonders stark war.

Mein Großvater war ein ehrlicher, altmodischer Mann mit starken moralischen Prinzipien, Regeln und Werten, die als Grundlage für die Erziehung meines Vaters dienten. Er war ein ausgezeichneter Sportler mit einem statuenhaften Körper, und seine Bibliothek war voller Pokale und Medaillen, die er während seiner sportlichen Karriere gewonnen hatte. Er war 1,87 Meter groß, dunkelbraun und von so besonderer Schönheit, dass er oft mit dem Schauspieler Rudolph Valentino verwechselt wurde, der wohl berühmteste Schauspieler jener Zeit. Es waren leichte und unbeschwerte

Jahre, und so kam es, dass Sasà sich 1927 in ein wunderschönes Mädchen aus Chiari verliebte, das Gast einer Tante aus Neapel war. Sie hieß Rosa, aber jeder nannte sie Rina. Sie war sehr elegant und sehr hübsch mit ihrem zarten Gesicht und ihre Augen hatten die Farbe des Meeres. Sie begannen, sich Liebesbriefe und Postkarten zu schreiben, die immer mit einem »Für immer dein« oder »Meine Liebe begleitet dich« endeten. Nach kurzer Zeit heirateten sie, und Papa wurde geboren. Nach ein paar Jahren folgte seine Schwester Vera, die ihn lustigerweise immer »Lallo« nannte.

Papas Vater Sasà und sein Bruder Giggino hatten eine bedeutende Fabrik für Eisenmöbel in Neapel geerbt, die der Stolz der ganzen Familie war und die unter ihrem gemeinsamen Management weiter florierte. Papa erzählte mir oft, dass sein Vater ihn als Kind oft zu einem Besuch in der Familienfabrik mitnahm, die sich in der Nähe des Hafens in einem Viertel namens »Granili« befand. Als er älter war, sagte Großvater ihm, er werde sich bald um alles kümmern müssen und die Fabrik und die Geschäfte zusammen mit seinem Cousin führen. Es waren unvergessliche Tage mit seinem Vater, die ihn glücklich und stolz machten in dem Glauben, dass auch er ein guter und kompetenter Unternehmer werden würde. In der Zwischenzeit lebten sie alle ein Leben voller Liebe und Hoffnung. Damals, im Alter von acht Jahren, wurde Papa in den »Circolo Canottieri Napoli« aufgenommen, dem renommierten Schwimm- und Wassersportverein Neapels, weil Großvater bereits seine Leidenschaft für Wasser spürte. In dem Wassersportclub fühlte Papa sich frei, und Großvater war stolz darauf, dass sein

Sohn auch ein guter Athlet werden konnte. »Sport ist alles«, sagte Großvater immer, »er lehrt einen all die Regeln, die man im Leben braucht.«

Die ruhigen Jahre hielten leider nicht lange an. Bald brach der Zweite Weltkrieg aus und unterbrach abrupt das Glück der Familie. Neapel wurde mehrmals bombardiert, weil es wegen seiner Lage im Mittelmeer ein sehr wichtiges strategisches Ziel war. Während des Krieges war dort der größte Teil der Militärflotte stationiert.

An einem dramatischen Tag im Jahr 1943 zerstörte ein Bombenangriff die Fabrik meiner Großeltern. Ein mit Munition und Sprengstoff beladenes Schiff, das im Hafen vor dem großen, mehrstöckigen Gebäude vor Anker lag, wurde von amerikanischen Bombern getroffen, und die Folgen waren verheerend. Glücklicherweise war es ein Sonntag, niemand war in der Fabrik bei der Arbeit. Der Krieg hinterließ tiefe Spuren in unserer Familie. Diese Bomben hatten nicht nur die Fabrik dem Erdboden gleichgemacht, sondern auch die Lebensenergie meines Großvaters vernichtet.

Nach diesem Unglück konnte die Familie meiner Großeltern nicht mehr für sich selbst sorgen. Die Stadt war größtenteils zerstört und nicht mehr in der Lage, den fast täglichen Luftangriffen standzuhalten. Obwohl in den zahlreichen unterirdischen Höhlen der Stadt Luftschutzräume eingerichtet wurden, stieg die Zahl der Opfer weiter dramatisch an, Nahrung und Wasser wurden knapp. Das war einer der dunkelsten Momente in der neapolitanischen Geschichte. Giggino, der Bruder meines Großvaters, entschied sich für den Umzug nach Mailand, der Heimatstadt seiner

Frau. Von Freunden gedrängt, beschloss mein Großvater Sasà, nach Rom zu ziehen.

In Rom wurde dafür gesorgt, dass Papa weiter jede Art von Sport treiben konnte, die er wollte, weil es unmöglich war, ihn ruhig zu halten. Meine Großmutter sagte immer zu ihrem Mann: »Lass Carlo arbeiten, aber lass ihn nicht denken, weil dann macht er nur Ärger. Zu viele Ideen gehen ihm durch den Kopf, zu viele Dinge, die er tun will.« Papa wurde von der Schule ausgewählt, sich wegen seiner sportlichen Fähigkeiten dem Rugby-Team anzuschließen, eine Sportart, die er nur im Winter praktizierte, wenn es aufgrund fehlender Schwimmbäder und zu kalter Flüsse nicht möglich war zu schwimmen. Im Rugby-Team gewann er sofort die nationale Meisterschaft und profilierte sich als Stürmer. Gleichzeitig begann er, Boxen zu trainieren, und machte ein Dutzend Kämpfe, die er alle mit einem Knockout gewann.

Schließlich wurde er Schwimmer der »Romana Nuoto«, gewann im Alter von 13, 14 und 15 Jahren drei italienische Meisterschaften im Brustschwimmen und stellte seinen ersten Rekord auf.

Aber auch in Rom erlebte mein Vater das Drama des Krieges. Am 19. Juli 1943 entkam er nur knapp dem Bombenangriff auf den Bahnhof von San Lorenzo: Er war 14 Jahre alt und kehrte aus Triest mit dem ersten Titel als italienischer Meister über 100 Meter Brust zurück. Es war gegen neun Uhr morgens, als er am Bahnhof ankam und nach der vergeblichen Suche nach öffentlichen Verkehrsmitteln ein Taxi nach Hause nahm. Das Schicksal war an jenem Tag sein Verbündeter, denn hätte der Zug auch nur fünf Minuten Verspätung gehabt oder hätte er weiterhin auf den Bus gewartet, statt sofort ein Taxi zu nehmen, wäre er unter den Trümmern des Bahnhofes begraben worden. Bei diesem Bombenangriff wurden 3000 Menschen getötet und 12.000 verletzt. Papa erzählte mir, dass, als er nach Hause kam, seine Eltern und seine Schwester in Tränen aufgelöst waren, weil das Radio über die Tragödie berichtet hatte, und sie überzeugt waren, dass auch Papa Opfer der Bomben geworden war. Glücklicherweise hatte der Herr andere Pläne mit ihm.

Ich werde nie vergessen, mit welchen Worten er seinen Bericht über diesen dramatischen und glücklichen Tag zusammenfasste: »Meine Liebe, das Leben wird ausschließlich von Chaos, Zufall und Glück bestimmt.«

Nach diesem traumatischen Erlebnis verbrachte seine Mutter in den Tagen nach dem Bombardement ganze Nächte damit, an seinem Bett zu sitzen und ihn im Schlaf zu beobachten. Papa erinnerte sich oft an das angenehme Gefühl ihres mütterlichen Blicks, der über ihn wachte. Papas Beziehung zu seiner Mutter war schon immer sehr stark, sie hielten immer zusammen, im Gegensatz zu meiner Tante Vera, die eher eine starke Beziehung zu ihrem Vater hatte.

1946, als Papa erst 17 Jahre alt war, schrieb er sich an der Universität in Rom ein und war somit der jüngste Student dort. Er hatte ein phänomenales Gedächtnis und bekam immer hervorragende Noten. Er war auch der Liebling der Professoren, weil er trotz seines jungen Alters unglaublich viel wusste und schnell in seinen Berechnungen war. Allerdings war er gezwungen, die Universität 1947 wieder zu verlassen, als seine Familie nach Südamerika ging.

In diesen schwierigen Jahren war es meine Großmutter, die sich als das Rückgrat der Familie erwies, denn sie unterstützte meinen Großvater sehr, der darunter litt, alles verloren zu haben, wofür er jahrelang gekämpft und gearbeitet hatte. Auch der Unmut darüber, seine Arbeiter mit ihren Familien ohne Gehalt auf die Straße gesetzt zu haben, verbitterte ihn sehr. Großmutter Rina war ein Bündel aus Kraft und Intelligenz. Im 6. Schwangerschaftsmonat war sie viel zu früh geboren worden, und jeder in der Familie war sich sicher gewesen, dass sie nicht überleben würde. Tatsächlich hatten ihre Eltern sie in einen Karton gelegt und sie ihrem Schicksal überlassen. Aber nur wenige Stunden später erkannten sie, dass dieses kleine Wesen um jeden Preis leben wollte, atmete und vital war. Da nahm ihre Mutter sie in die Arme und begann zu stillen. Die Erfahrung ihrer schwierigen Geburt machte sie sicherlich zu einer sehr mutigen Frau.

Während des Krieges, als die Familie nach der Bombardierung der Fabrik in Schwierigkeiten geraten war, freundete sich meine Großmutter mit einer brasilianischen Dame namens Virginia an, einer Freundin einer guten Freundin von ihr. Diese Dame erzählte ihr von ihrem Heimatland und den tollen Jobmöglichkeiten in Brasilien. Nachdem Großvaters Familie ihre Wohnung in Neapel und den Besitz in Granili verkauft hatte, hatten sie etwas Geld beiseite gelegt. Meine Großmutter war nun überzeugt, dass man versuchen müsste, nach Brasilien zu kommen, um auf diese widrige

Situation zu reagieren. Mit ihrer Entschlossenheit überzeugte sie meinen Großvater schließlich vom Umzug.

Sie reisten nach Recife zu Marysol, die sie gebeten hatte,
ihre Gastfreundschaft in ihrer dortigen Villa anzunehmen.
Aber als sie vor Ort ankamen, entdeckten sie, dass Marysol
ein wenig zu dick aufgetragen hatte. Sie hatte keine Villa,
und Arbeitsmöglichkeiten gab es auch kaum, aber großzügig
wie Marysol war – vielleicht auch wegen der Schuldgefüh-
le –, teilte sie das Wenige, das sie hatte, und dazu gehörten
auch Bekanntschaften und Beziehungen. Tatsächlich fanden
Freunde Marysols einen Job für meinen Großvater, der anfing, für eine Firma zu arbeiten, die Öldosen verkaufte.

Absurderweise schwamm mein Vater an diesem wunderbaren Ort, der vom Meer umgeben war, nicht ein einziges
Mal, und er trieb auch keinen anderen Sport. Dafür hatte er
keine Zeit, er musste arbeiten, um sich ernähren zu können
und eine Zukunft zu schaffen, die er in Italien unwieder-
bringlich verloren hatte.

Nach einigen Monaten wurde ein älterer und angesehener
Gentleman aus dem italienischen Konsulat auf Großvaters
Familie aufmerksam, entweder aus Mitgefühl oder weil ihn
die Energie und Entschlossenheit meiner Großmutter be-
eindruckten. Meinem Papa wurde eine Stelle als Sekretär
im Konsulat angeboten, und somit stand der Familie eine
kleine, aber feine Unterkunft in einer der Konsulats-Woh-
nungen im Stadtzentrum zur Verfügung.

Mein Großvater fragte sich oft, wie meine Großmutter die
Familie in ein solches Abenteuer hatte hineinziehen können,
wie sie so eine anstrengende tagelange Reise machen konn-

ten, um in ein ihnen völlig fremdes Land zu gelangen, nur auf Einladung einer Fremden, die sich auch noch als eine Hochstaplerin entpuppte. Aber dies waren nun mal Zeiten, in denen sich alle an die Hoffnung klammerten, endlich ein normales Leben zu führen, und mein Großvater hatte immer der Vitalität und Liebe meiner Großmutter vertraut, die ihm Stärke gaben.

Die Familie zog also mit viel Gepäck beladen in die Wohnung des Konsulats, meine Großmutter hatte fast die gesamte Hauseinrichtung aus Neapel mitgebracht, sie hatte sogar einen Koffer mit handbestickten florentinischen Laken und Tischdecken mitgebracht, weil Marysol ihr gesagt hatte, dass die Decken in Brasilien wie warme Semmeln weggehen würden, wenn man sie verkaufen würde. Großmutter verkaufte jedoch nicht eine einzige Decke. Jahre später verarbeitete sie in Italien die Stoffe zu dem Hochzeitskleid meiner Tante Vera.

Nach der Arbeit im Konsulat begann Papa als Angestellter bei Dupont, einer Firma, die Farben für Polsterungen mit Krokodil- und anderen Lederarten herstellte. Da Papa an der Universität mit hervorragenden Noten Chemie studiert hatte, hielten sie ihn für einen Experten auf diesem Gebiet, sodass seine Kollegen ihn »El químico« nannten. So kam es, dass man ihn als Vertreter durch fast alle brasilianischen Städte schickte. Es waren unglaubliche Reisen, von Fortaleza bis Manaos im Amazonasgebiet, während derer er die portugiesische Sprache und die lokalen Bräuche perfekt erlernte. Papa erinnerte sich später noch oft an viele lustige Anekdoten, darunter die, die er uns schon in unserer Kindheit oft erzählte: dass die Züge, mit denen er diese Reisen machte, Kaffee als Treibstoff benutzten und bei ihrer Fahrt durchs Land eine Spur von unverwechselbarem Duft hinterließen.

Nach Brasilien zog die Familie nach Argentinien, wo mein Vater im Hafen von Buenos Aires arbeitete und Mehlsäcke entlud, um Geld für die Familie zu verdienen. Es war eine anstrengende und demütigende Arbeit, aber mit seiner Geisteskraft und seinem mächtigen Körper gelang es ihm leicht, sich dieser Herausforderung zu stellen.

1948 beschloss die Familie, nach Italien zurückzukehren, nicht nur, weil ihnen das Geld ausgegangen war, sondern auch, weil mein Großvater sein Land vermisste. Er war kreuz und quer durch diesen schönen Kontinent gewandert, aber die Wärme, die ihm sein Heimatland gab, hatte er hier nie gefunden. Ganz anders mein Vater, der immer sagte, dass der Südamerikaner wie ein glücklicher Neapolitaner sei und dass die Freude an der Musik sich in ihrer Seele widerspiegelt.

Sie kehrten mit dem Schiff nach Rom zurück. In Rom konnte mein Großvater glücklicherweise seine Kraft und Vitalität zurückzugewinnen und fand bald einen Job. Papa verließ die Fakultät für Chemie für immer und schrieb sich bei den Rechtswissenschaften ein, weil er dachte, so mehr Zeit für sein Schwimmtraining zu haben. Zu dieser Zeit wurde er Teil der Wasserball-Nationalmannschaft. Durch seine harten Würfe und Treffer hob er sich so sehr hervor, dass er den Spitznamen »Bomber« verpasst bekam. Seine sportliche Reise war aber noch lange nicht zu Ende. 1950 war er in der Tat der erste Italiener, der 100 Meter Freistil unter einer Minute schaffte, im Becken von Salsomaggiore. Vor Freude sprangen alle Trainer mit Klamotten in den Pool, um ihn zu umarmen.

Inzwischen versuchte meine Großmutter in jeder Hinsicht, über die Runden zu kommen, und trotz der begrenzten Arbeitsmöglichkeiten hatte sie immer Ideen, vor allem aber gab sie nie auf. Sie improvisierte und gründete eine kleine Schneiderei im Stadtteil Parioli. Sie war sehr talentiert und kreativ, sie fertigte akribische Stickereien und Paillettenkleider an, deren Herstellung große Präzision erforderte. Die Details waren einzigartig, und selbst im hohen Alter hörte sie nie auf, Traumkleider für mich und meine Schwester zu nähen.

Mein Vater trug immer die Erfahrung des Reisens in seinem Herzen. Er war zwar ohne Geld aus Südamerika zurückgekehrt, aber mit einem großen inneren Gleichgewicht und mit perfekten Kenntnissen der Sprache. Er hatte brasilianische Lieder und Samba gelernt sowie das Gitarrespielen. Mit seiner perfekten Intonation und seiner schönen Stimme begann er, auf Feiern mit Freunden zu musizieren und zu singen. Diese Erfahrung war sehr wichtig für Bud.

4

Lebenslange Liebe

Meine Mutter war definitiv die tragende Säule unserer Familie, eine Frau, die meinem Vater ermöglichte, das zu werden, was er war. Ich bin sicher, dass Papas Leben nicht so außergewöhnlich erfolgreich verlaufen wäre, wenn sie sich nicht für die Familie und für ihn aufgeopfert hätte.

Sie war sehr klein und zart, er war groß und unberechenbar. Wenn ich sie so vor mir sehe, muss ich an La Fontaines Fabel *Die Grille und die Ameise* denken. Papa war fröhlich, lustig, immer in Bewegung, unaufhaltsam, Mama hingegen war ruhig, still und sehr verantwortungsbewusst. Sie waren völlig verschieden, aber liebten und respektierten sich so sehr, dass sie zusammen die vielen alltäglichen Hürden meisterten.

Sie war immer sehr direkt in ihren Aussagen: »Du bist zu fett, Carlo, du darfst nicht mehr essen, sonst bekommst du einen Herzinfarkt!« Und er sagte: »Mir geht es gut, Maria, heute habe ich zum Mittag nichts gegessen, also mach mich nicht wütend, ich kann nicht vor Hunger sterben!« Sie stellte ihm eine Gemüsesuppe auf den Tisch, und er fluchte und beschwerte sich so sehr, dass sie am Ende sagte: »Tu, was du für richtig hältst, iss, was du willst, deine Gesundheit ist deine Sache!« Sie scherzten miteinander, stritten sich auch oft, waren aber gleichzeitig voller Zuneigung füreinander.

Papa liebte es, Karten und Roulette zu spielen, obwohl er sehr oft verlor. Was er liebte, war das Spiel an sich, egal ob er gewann oder verlor. Ich erinnere mich, dass meine wütende Mutter ihm eines Abends drohte, dass, wenn er zum Spielen das Haus verließ, sie bei seiner Rückkehr nicht mehr da sein würde. Daraufhin sagte Papa: »Okay, Marì, bis später!«

Mama und Papa hatten eine besondere Ehe, die 56 Jahre dauerte. Sie heirateten am 25. Februar 1960 in der Kirche San Giovanni in Porta Latina. Es war eine Hochzeit, die dem italienischen Kino jener Zeit würdig war, ein Zusammentreffen italienischer und internationaler Schauspieler. Trauzeuge meiner Mutter war der Produzent Angelo Rizzoli, Partner meines Großvaters mütterlicherseits Guiseppe »Peppino« Amato, der eine zentrale Figur in der Geschichte des italienischen Films war. Angelo Rizzoli war es, der den Brüdern De Filippo die erste Filmmöglichkeit bot und den ersten Film unter der Regie von Vittorio De Sica, *Rose scarlatte*, produzierte. Mama erzählte uns später, dass sie zu Beginn der Hochzeit, nachdem sie die Kirche betreten hatte und von ihrem Vater begleitet zum Altar ging, die Spannung auf Angelos Gesicht sah. Sie bat ihn zu lächeln und sich vorzustellen, bei der Premiere eines seiner Filme zu sein. Dies reichte aus, um die Spannung zu lösen und ein Lächeln auf sein Gesicht zu zaubern.

Mein Großvater kam in den 20er-Jahren zuerst als Handwerker zum Kino, wurde dann Schauspieler und schließlich Regisseur. Mit dem Aufkommen des Tonfilms machte er eine Reise nach Amerika, um diese faszinierende und unbekannte Welt zu entdecken. Er lernte Walt Disney kennen, der ein enger Freund von ihm wurde und mit dem er einige Projekte entwickelte. Er arbeitete mit Rossellini, Ingrid Bergman und Sophia Loren zusammen. Vielen ist er heute noch in Erinnerung, weil er Filme von erheblicher kultureller Bedeutung produzierte wie *La Dolce Vita, Fahrraddiebe, Umberto D.* und *Rom, offene Stadt*, um nur einige zu nennen. Er war ein Mann, der seine Arbeit liebte, mit einem guten Gespür und voller Charme.

Die Liebesgeschichte zwischen meinem Vater und meiner Mutter begann mit einer zufälligen Begegnung auf einer Feier im Haus meiner Mutter. Papa war von einem gemeinsamen Freund mitgebracht worden, er war gerade erst aus Brasilien zurückgekehrt und verfügte über ein Repertoire an sehr eindrucksvollen Liedern, die den meisten unbekannt waren. Er liebte es, die südamerikanischen Rhythmen auf der Gitarre zu spielen. Mein Vater hatte diese Einladung unbedingt annehmen wollen, weil er begierig darauf war, ein wunderbares Grundig-Musikgerät der neuesten Generation auszuprobieren, das Peppino Amato seinen Töchtern geschenkt hatte. Auf der Feier fiel ihm ein hübsches Mädchen mit schwarzen Haaren auf, das allein saß und alles und jeden mit ihrem süßen und durchdringenden Blick beobachtete, als wollte sie die Essenz dessen, was um sie herum passierte, einfangen. Er sprach den ganzen Abend mit ihr, fasziniert von ihrer Natürlichkeit und ihrem Witz, und auch sie war beeindruckt von diesem jungen Mann mit seinem imposanten Körper, der als Schwimmer bereits an Olympischen Spielen teilgenommen hatte und kurz davor war, mit der italienischen Nationalmannschaft nach Melbourne in Australien zu reisen. Papa fühlte sich in dieser illustren Gesellschaft nicht sehr wohl, wahrscheinlich auch, weil seine Kleidung nicht dem Anlass entsprach. Aber in ihrer Gegenwart fühlte er sich sofort wohl, scherzte und lachte mit ihr.

Mama hatte ihre Verehrer, hatte sich aber nie auf irgendwelche Männer eingelassen, weil sie sich offensichtlich nicht in sie verliebt hatte. Dies war anders bei meinem Vater. Sie betrachtete ihn nicht sofort als Verehrer und sie hatten erst einmal Zeit sich kennenzulernen. Zudem war er gut aussehend, nett und mochte Frauen sehr. Dieses schicksalhafte Treffen hatte etwas zwischen ihnen ausgelöst, und so begannen sie, sich öfter zu treffen und verliebten sich ineinander.

Eines Tages bat Peppino meinen Vater, ihn im Excelsior in der Via Veneto zu treffen – dort wo er wohnte –, um zu erfahren, welche Absichten Papa mit seiner ältesten Tochter verfolgte. Er wollte wissen, ob Papa nicht nur ein großer Champion war, sondern auch eine Familie versorgen könne. Ich glaube, dass Papa damals überrascht war und dass die Last dieser Verantwortung und die Tatsache, dass er keinen Job hatte, der den Vorstellungen von Peppino entsprach, ihn verunsicherte und in Panik versetzte. Zu dieser Zeit entschied er sich nämlich, einen Job weit weg anzunehmen, und zwar in Caracas, Venezuela, als Bauleiter für den Bau der »Panamericana«. Es war 1956, als Papa nach Südamerika aufbrach und dort viele harte Arbeitserfahrungen sammelte, die ihn sehr prägten und verstehen ließen, was die wahren Werte des Lebens waren und welche Frau er gerne für den Rest seines Lebens an seiner Seite haben wollte.

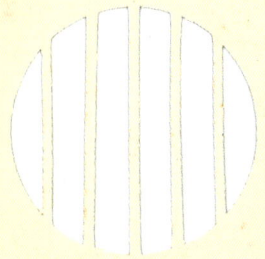

Carlo

Alessandro e Rosa Pedersoli

31 ottobre 1929

PROCESSI MODERNI

RIPRODUZIONE DI QUALUNQUE FOTOGRAFIA

INGRANDIMENTI DI OGNI DIMENSIONE

IN NERO, SEPIA E COLORI NATURALI

PORCELLANE, SMALTI

LAVORI FUORI STUDIO DI VILLE

PAESAGGI, INTERNI, RITRATTI E GRUPPI

SPECIALITÀ IN FOTOGRAFIE per BAMBINI

Bud mit seinen Eltern am Tag seiner Taufe.

Bud mit seiner Schwester Vera.

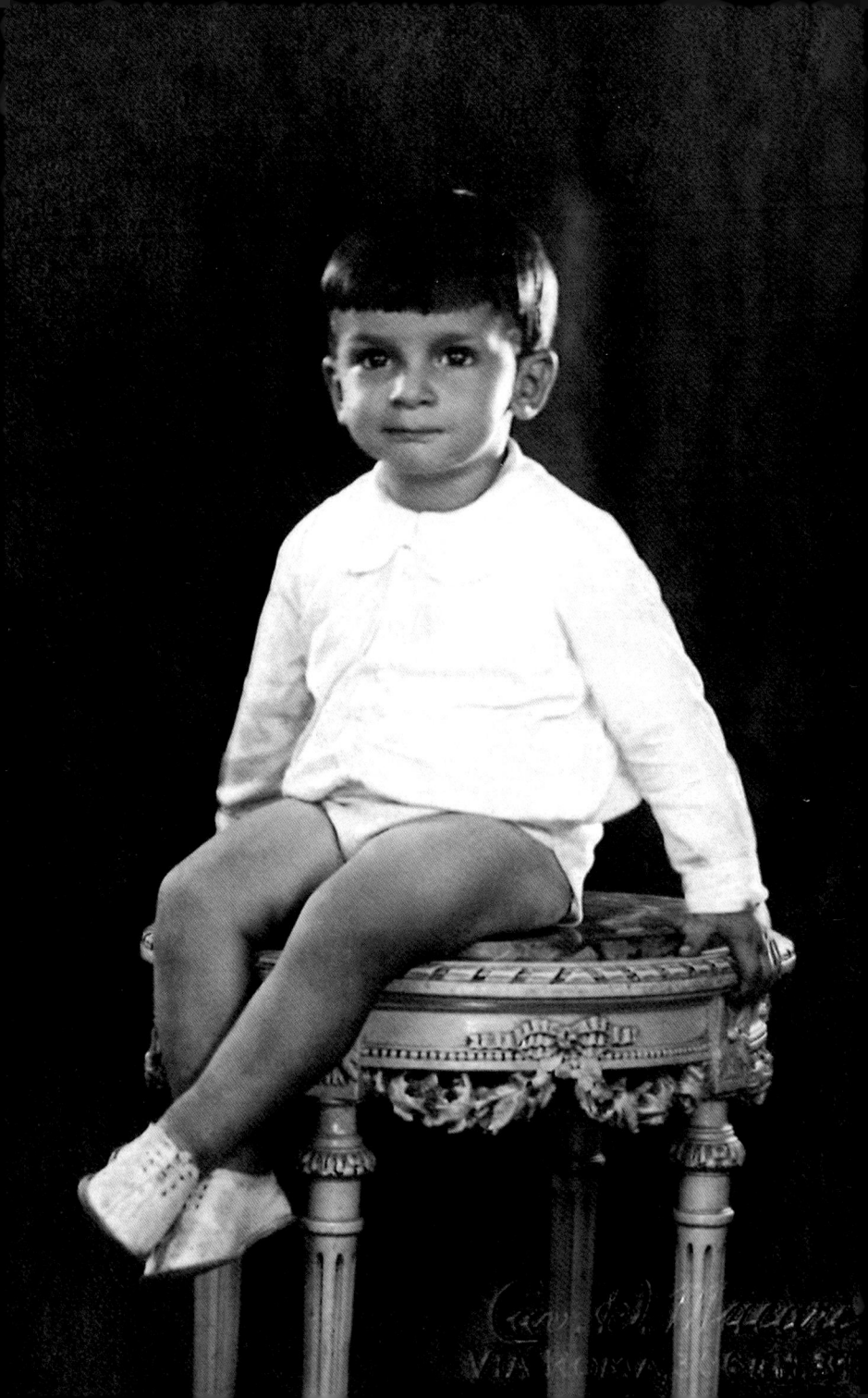

Buds Vater Alessandro »Sasà« Pedersoli.

Mama Rosa
mit Carlo (links)
und seinem
Cousin Alessandro
Pedersoli, dem
Sohn von Giggino,
dem Bruder
seines Vaters.

Kinolegenden unter sich: Sophia Loren und Produzent Peppino Amato, Buds späterer Schwiegervater.

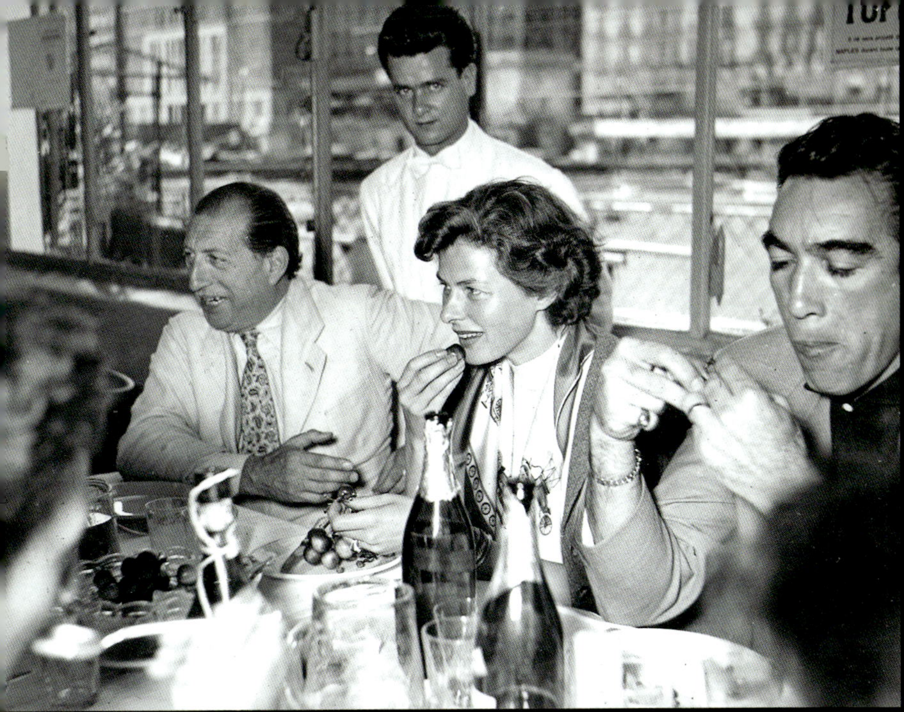

41

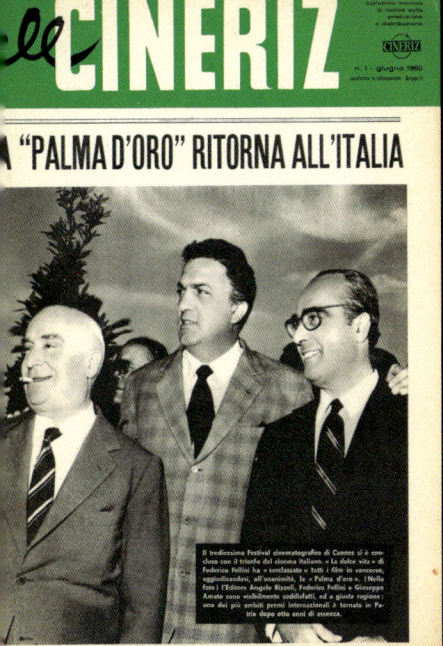

Oben: Peppino Amato mit Ingrid Bergman und Anthony Quinn beim Mittagessen. Unten links: Angelo Rizzoli, Federico Fellini und Peppino Amato, die Macher des Films »La Dolce Vita«. Unten rechts: Filmplakat von »La Dolce Vita«.

CINERIZ

bollettino mensile
di notizie sulla
produzione
e distribuzione

CINERIZ

n. 1 - giugno 1960

"PALMA D'ORO" RITORNA ALL'ITALIA

Il tredicesimo Festival cinematografico di Cannes si è concluso con il trionfo del cinema italiano. « La dolce vita » di Federico Fellini ha « surclassato » tutti i film in concorso, aggiudicandosi, all'unanimità, la « Palma d'oro ». (Nella foto) l'Editore Angelo Rizzoli, Federico Fellini e Giuseppe Amato sono visibilmente soddisfatti, ed a giusta ragione: uno dei più ambiti premi internazionali è tornato in Patria dopo otto anni di assenza.

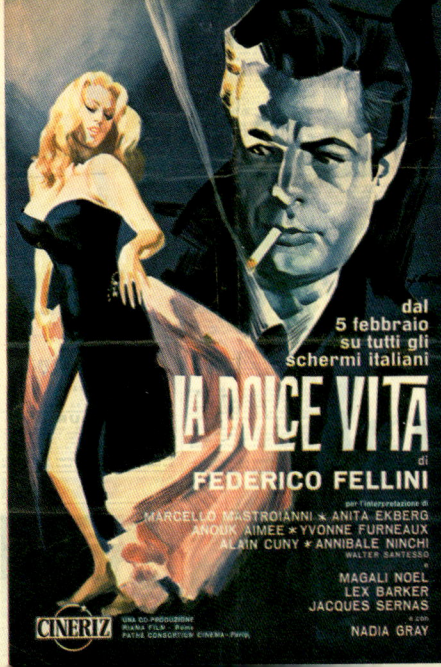

MELBOURNE
1956

XVI OLYMPIAD, MELBOURNE, 1956
XVIe OLYMPIADE, MELBOURNE, 1956

IDENTITY CARD
CARTE D'IDENTITE

Nᵒ 4239

Valid until 31st December, 1956
Valide jusqu'au 31 décembre, 1956

XVI OLYMPIAD, MELBOURNE
XVI OLYMPIADE, MELBOURNE

Links: Carlo bei den Olympischen Spielen 1956 in Melbourne. Oben und unten: Carlos Ausweis als Berechtigung für die Teilnahme an den Olympischen Spielen.

COUNTRY/PAYS — Italy
SURNAME/NOM DE FAMILLE — Pedersoli
GIVEN NAMES/PRENOMS — Carlo
ADDRESS/ADRESSE STREET/RUE — Via Ruggero Fauro 37
TOWN/LIEU — Roma
DATE OF BIRTH/NE(e) LE — 31/10/1929
PLACE OF BIRTH/NE(e) A — Napoli
PROFESSION — studente
NATIONALITY/NATIONALITE — Italian

(Signature)

POSITION QUALITE — Competitor

ORGANISING COMMITTEE FOR THE XVIth OLYMPIAD
MELBOURNE, 1956

Chairman   Chief Executive Officer

THE NATIONAL OLYMPIC COMMITTEE OF
Italy
(Name of Country)
certifies that the information contained herein is true and that the photograph is a true likeness of the owner of this identity card who is travelling to Melbourne, Australia, as a non-immigrant temporary visitor to attend the Games of the XVI Olympiad in the capacity stated herein.

LE COMITE OLYMPIQUE NATIONAL DE
Italy
(Nom du Pays)
certifie que les renseignements donnés par cette carte d'identité sont exacts, et que la photographie est celle du porteur qui va à Melbourne, pour les XVIes Jeux Olympiques comme visiteur non-immigrant dans la qualité indiquée ci-contre.

PRESIDENT   (Signature)   SECRETARY
SECRETAIRE

Oben: Bud mit Giuseppe und Cristiana beim Schwimmen, Argentario, Italien.
Unten: Bud in seinem Element. Rechte Seite: Bud und Giuseppe beim Segeln.

Bud in Deutschland.

Heute weiß ich, dass diese Erfahrungen für Papa grundlegend waren, um zu verstehen, wer er sowohl im Guten als auch im Schlechten war, und sie halfen ihm, sich seiner Gefühle klar zu werden. Schließlich beschloss er, von Venezuela nach Rom zurückzukehren, und um die Hand seiner geliebten Maria zu bitten. Mein Großvater Peppino, der gerade mit der Produktion von *La Dolce Vita* beschäftigt war und sich oft mit Fellini und Mastroianni traf, war nicht zu Hause. Er war mit meiner Mutter und ihren jüngeren Schwestern Renata und Marina zu einer Auslandsreise aufgebrochen. Papa musste mehr als einen Monat warten, und als sie zurückkamen, stand er mit einem Blumenstrauß vor Peppinos Tür und bat ihn um die Erlaubnis, seine Tochter heiraten zu dürfen.

5

In Lateinamerika

Papa erzählte nie die klassischen Märchen, mit denen alle Kinder aufwachsen. Diese wurden uns von Mama und unserem Kindermädchen erzählt. Er erzählte lieber die Geschichten seiner tatsächlich gelebten Erfahrungen, die für uns Kinder viel spannender waren als alle normalen Märchen, weil er der Protagonist war. Er war und blieb immer mein Superheld.

Er wusste, wie man auf Zauberteppichen fliegt, er trug Capes und Rüstungen, hatte Superkräfte und war groß und stark, aber auch unendlich gutherzig. Er verprügelte die bösen Jungs, ohne jemals jemanden ernsthaft zu verletzen. Unser Held ging nie k.o. Man zog ihm Stühle über den Schädel, bewarf ihn mit Steinen oder warf sogar Tische nach ihm, aber alles vergebens. Er wandte sich einfach dem Angreifer zu, verengte die Augen zu Schlitzen, und sein enorm großer Mund nahm einen enttäuschten Zug an, wobei sein Gesicht einen leichten Ausdruck von Muffigkeit zeigte.

Seine gigantisch großen Hände sorgten schließlich dafür, diejenigen aus dem Weg zu räumen, die ihm schaden wollten. Und das gleiche Schicksal hätte jene erwartet, die versucht hätten, die Tonnen von Bohnen und Fleischbällchen zu beschlagnahmen, die er zu verspeisen pflegte. Er verteidigte Frauen und Kinder, die Schwächeren konnten immer auf seine Unterstützung zählen. Ich beobachtete ihn oft und fühlte mich immer beschützt. Außerdem machte es ihn für mich unbesiegbar, ihn auf der Leinwand zu sehen, wie er auf Pferden ritt, Flugzeuge steuerte, hoch in die Luft sprang und jedes Hindernis überwand.

Ich erinnere mich nicht, dass er im wirklichen Leben jemals wütend geworden ist. Er hatte eine bestechende Philosophie: »Futtetenne!« – was auf Neapolitanisch bedeutet: »Scheiß drauf!« Er sagte immer: »Es lohnt sich nicht, sich über die tausend sinnlosen Dinge aufzuregen, die das Leben jeden Tag austeilt. Das ist Zeitverschwendung. Wir müssen diese Gabe, die Gott uns gegeben hat, mit Leichtigkeit leben.« Papa liebte das Leben, und das Leben liebte ihn. Dank ihm hatte ich eine wunderbare Kindheit zwischen dem Reich des Märchens und der Realität.

Unter den vielen Geschichten, die er erzählte, war eine unserer Favoriten die Geschichte mit der Machete. Unserem beharrlichen Betteln, diese Geschichte nochmals zu erzählen, gab er gern nach. Meist deutete sein Mund ein Lächeln an, dann erstickte seine tiefe Stimme unser Geplapper.

»Ich arbeitete damals in Venezuela und war zuständig für den Bau einer Straße, der Panamericana, die quer durch den Dschungel führen sollte. Viele Dörfer blieben jedoch isoliert und hatten rein gar nichts von dieser Verbindung. Während einer Kontrollfahrt, um die beste Route für die Panamericana zu finden, ohne dass die Umwelt zu stark durch den Bau belastet wurde, kamen wir in ein Dorf, das nicht auf unserer Karte verzeichnet war. Eigentlich war es kein richtiges Dorf, sondern eher eine Ansammlung von Hütten entlang einer schlammigen Straße. Die einzigen Lebewesen schienen einige Bauernhoftiere zu sein und ein ausgezehrter Hund, der weglief, als er uns mit unserem Lkw ankommen sah. Ich stellte den Motor ab, und zusammen mit einem Kollegen, der mich bei dieser Fahrt begleitete, versuchten wir, jemanden zu finden, mit dem wir reden konnten. Wir wollten erfahren, wo wir waren und waren auch sehr durstig nach der stundenlangen Fahrt. Wir hatten kein Wasser mehr, und die Luftfeuchtigkeit war unerträglich.

Am Ende des Dorfes, am Rande des Dschungels, war eine Art Taverne. Eine Bar mit brüchigen Mauern, so verfallen, dass wir uns wunderten, dass sie noch nicht eingestürzt war. Die Tür knarrte, als ich sie aufstieß. Im Inneren gab es kaum Licht, nur ein paar Sonnenstrahlen fielen durch ein Fenster mit halb geschlossenem Fensterladen. Eine Theke aus Holzbrettern, notdürftig zusammengezimmert, zog sich an der Wand entlang, dahinter eine kleine Tür und staubige Regale voller Flaschen, die mehr leer als voll waren. In der Bar hing ein starker Geruch von Chicha.«

Da wir die Geschichte bereits kannten, wussten wir natürlich, was »Chicha« war, aber wir wollten Papas Erzählung so weit wie möglich in die Länge ziehen. Schließlich sind es die ekligen Sachen, die Kinder gerne hören. Was also ist Chicha? »Chicha ist ein alkoholisches Getränk, das gewonnen wird, indem man Mais in den Mund nimmt und kaut. Dann spuckt man es in ein Steingutgefäß, wo es fermentiert, bis man es trinken kann.« Wir schrien angewidert auf und taten so, als ob wir erbrechen müssen. Dann setzte Papa seine Geschichte fort.

»Nun, das war alles andere als angenehm! Ich ging hinein und fragte den Mann hinter der Theke nach einem Drink. Wie im Western lehnte am Tresen ein Typ mit einem großen Hut, einer Art Sombrero, tief in die Stirn gezogen. Er war ganz allein und trank. Als der Typ meine Bestellung hörte, schob er seinen Hut langsam mit dem Zeigefinger hoch. Offensichtlich schien ihn unsere Anwesenheit zu stören, denn er fing an, mich beharrlich anzustarren. Die Art und Weise, wie er mich ansah, ließ keinen Zweifel aufkommen. Er suchte nach einem Vorwand, um einen Streit anzufangen, und nuschelte etwas in einem indianischen Dialekt. Der Barkeeper war durch die kleine Hintertür verschwunden, ohne uns einen Drink zu servieren. Ich sah nur, wie er durch den Türspalt spähte, als ob er nur darauf wartete, dass etwas passiert. ›Señor, Sie stören meinen Seelenfrieden‹, sagte der Mann am Tresen. ›Sie sind ein europäischer Drecksack. Alle Europäer sind Feiglinge, Mörder, sie zerstören alles, sie tyrannisieren diejenigen, die sich nicht wehren können … nicht wahr, Señor?‹ Ich starrte ihm direkt in die Augen und beobachtete jede seiner Gesten.

In diesem Moment sah ich, wie er ohne Vorwarnung eine lange, scharfe Machete hervorzog, jenes lange Messer, mit dem man sich im Dschungel den Weg freikämpft. Ich trug nie Waffen bei mir und wollte auch nicht, dass meine Freunde welche bei sich hatten. Mit der Machete in der rechten Hand, den Arm herunterhängend, fing er an, sich langsam von der Theke weg auf uns zuzubewegen. Ich stand in der Mitte zwischen ihm und meinem Kollegen, sein Ton wurde immer bedrohlicher. ›Ihr seid weißer Dreck, ihr peitscht die

Menschen aus, die sich nicht wehren können. Aber ich bin bereit zu kämpfen, ich habe keine Angst vor euch, ich werde euch für alles zahlen lassen, was ihr meinem Volk angetan habt.‹

Er stand jetzt ganz dicht vor mir, es hätte jeden Augenblick eskalieren können, aber es lag nicht an mir, den ersten Zug zu machen. Ich konnte seinen alkoholgeschwängerten Atem riechen und war zu allem bereit, aber eigentlich wollte ich nicht unter diesen Bedingungen und mit einem Mann, der mit einer Machete bewaffnet war, kämpfen. Also ergriff ich die Initiative und donnerte ihm, ohne den Sichtkontakt zu verlieren, ins Gesicht: ›Du hast eine Machete in der Hand, aber damit jagst du mir keinen Schrecken ein. Du brauchst eine Waffe, um mich zu töten, ich kann das Gleiche mit dir tun, allein mit der Kraft meiner Hände.

Wenn du mich nicht triffst, hast du keine Chance, du hast also einen einzigen Schlag, und wenn du ihn vergibst, wirst du in meinen Händen sein.‹ Es folgte ein Moment der Besinnung, und ich nutzte diesen Moment, um dem Barkeeper zu sagen, er solle sofort herauskommen und Getränke für mich und den Mann bringen. Meine Entschlossenheit verunsicherte ihn. Er sagte mir, dass ich anders sei als die Weißen, die er bisher getroffen habe. Wir tranken zusammen, und er orderte immer eine weitere Runde. Schließlich gab er mir die Machete, bevor er völlig betrunken am Tresen einschlief.«

Papas Geschichten nie überdrüssig, riefen wir Kinder im Chor: »Noch eine Geschichte! Noch eine!« Um uns wieder zum Schweigen zu bekommen, fuhr er fort: »Wie ich schon erzählte, haben wir in Venezuela Straßen gebaut. Eines Tages transportierten wir riesige Betonrohre auf Lastwagen. Wir deponierten sie entlang der Strecke, auf der die Straße gebaut werden sollte; diese Rohre sollten zum Sammeln und Ableiten von Regenwasser verwendet werden.

Mit drei oder vier Arbeitskollegen entluden wir mitten im Dschungel unser Arbeitsmaterial, als wir plötzlich von Indios umringt waren. Sie waren mit Bögen mit sehr langen Pfeilen bewaffnet, die sie auf uns richteten. Ihre Gesichter und Körper waren bemalt, ihr Haar mit Federn geschmückt. Einige hatten sogar ihre Nase mit Knochen durchbohrt und ihre Ohrläppchen durch große Löcher verformt. Farbige Armbänder strafften die Muskeln ihrer Arme, und sie waren fast alle nackt. Sie schrien wie verrückt und rückten langsam vor, mit gespannten Bögen und Speeren, bereit, uns zu verletzen.

Wir begriffen, dass wir nicht willkommen waren. Und so wie sie aus dem Nichts erschienen waren, verschwanden sie auch wieder im Nirgendwo. Wir nahmen unsere Arbeit wieder auf und waren etwas sprachlos. Wir konnten diese Erscheinung kaum glauben. Plötzlich brach ein sintflutartiger Regen los, der nicht den Anschein machte, irgendwann wieder aufhören zu wollen. Um nicht mit den Lastwagen stecken zu bleiben, beschlossen wir, das Gebiet zu verlassen und die Rohre dort liegen zu lassen, wo wir sie entladen hatten. Nach dem Regen wollten wir zurückkehren und die Arbeit bei gutem Wetter beenden. Als es so weit war, kehrten wir zurück zur Baustelle und trauten unseren Augen kaum!«

»Was ist los, Papa, warum hörst du auf? Komm schon, sag es uns!« Wir waren ungeduldig, die Spannung fraß uns förmlich auf.

»Die Indios, die sich vor unseren Augen förmlich in Luft aufgelöst hatten, hatten unsere Rohre in feste Unterkünfte verwandelt und sich mit ihren Familien dort niedergelassen. Sie hatten Betten, Öfen und all ihre Möbel dorthin geschleppt und unsere Rohre als Unterstand vor den Regenfluten genutzt. Das Unwetter hatte ihre Hütten zerstört, und in den Rohren hatten sie einen sicheren Unterschlupf gefunden.

Wir erkannten sofort, dass wir ein großes Problem hatten, denn die Indios würden sicherlich nicht freiwillig gehen und uns die Hüttenrohre zurückgeben wollen. Im Gegenteil, als sie erkannten, dass wir nicht die Absicht hatten, ihnen unsere Rohre zu überlassen, nahmen sie ihre feindliche Haltung wieder auf. Die Situation war nicht leicht für uns. Sie verteidigten ihre Familien, und aus diesem Grund wären sie auch zum Töten bereit gewesen. Wir versuchten, sie fernzuhalten, aber wir waren gezwungen, uns zu ergeben – wenn wir weitergemacht hätten, hätten sie uns auf direktem Wege zum Herrgott befördert! Um ihr Vertrauen zu gewinnen, entschieden wir uns, nicht auf den Rohren zu bestehen und ihnen einen Teil unserer Dosenvorräte an Lebensmitteln zu geben, weil die Jäger wegen des schlechten Wetters nicht jagen konnten und den Ureinwohnern viel Essen in diesem sintflutartigen Regen verloren gegangen war. Als sich ihre Seelen beruhigt hatten – ein voller Bauch ist das beste Mittel –, gaben wir ihnen kleine Arbeitsgeräte, die sie zum Aufbau ihrer Hütten nutzen konnten, und noch mehr glänzende Konservendosen, die eine gewisse Faszination auf die Ureinwohner ausübten, da sie so etwas nicht kannten. Aber die Situation war erst geklärt, als wir ihnen halfen, ihre Hütten im Dschungel wieder aufzubauen. So beruhigte sich die Situation wieder, aber im ersten Moment, als wir sie baten, die Rohre zurückzugeben, hätte es fast ein Blutbad gegeben!«

Papas Geschichten versetzten uns in eine Fantasiewelt, deshalb waren wir begierig darauf, dass er weitererzählte. »Im Dschungel kam es zu den unglaublichsten Begegnungen. Ich kam mit Stämmen in Kontakt, die schon immer dort gelebt haben, ich freundete mich mit *Mama* an, sie war Häuptling und sagte, sie sei 150 Jahre alt, vielleicht war sie 60, maximal 70, aber ohne zu wissen, wann sie wirklich geboren wurde, schrieb sie sich dieses ehrwürdige Alter zu. Ihr Gesicht war von vielen Falten durchzogen, so vielen, dass man nicht gleich erkennen konnte, ob es sich um eine Frau oder einen Mann handelte. Sie hatte kurze Haare, so wie die Ureinwohner sie alle trugen, sie waren immer noch schwarz, nur hier und da sah man eine weiße Strähne. Durch die Nase trug sie einen weißen Stock, drei weitere Stöcke kamen seitlich und in der Mitte der Unterlippe aus der Haut, die Ohrläppchen waren mit Büscheln aus weißen Federn geschmückt.

Das Fantastische war, dass *Mama* mich fast jeden Tag ansprach und mir die gleiche Geschichte erzählte: ›Wenn ich nicht da wäre, um die Sonne abends einschlafen zu lassen und sie morgens aufzuwecken, könntest du hier nichts tun.‹ So verschwand sie in der Dunkelheit zwischen den Bäumen.

Ich verstand nicht, wie sie in dem Wald sehen konnte, der keinerlei Lichtstrahlen durchließ, eine Kuppel aus dichtem Laub, bevölkert von Affen und Vögeln. Ich sah, wie sie bei Sonnenaufgang zurückkehrte, strahlend und sich ihrer getanen Arbeit bewusst, bevor sie ihr Mantra intonierte. In der Abenddämmerung nahm sie den gleichen Weg und kehrte zurück, nachdem sie alles in ihren schwarzen Umhang gehüllt hatte.

Dann setzte sie sich auf den Boden und sang ein geheimnisvolles Schlaflied. Der Gesang erfüllte die Stille der Nacht, selbst die Tiere hörten still zu, sodass der ganze Dschungel zu einem lebendigen Wesen wurde, von dem wir alle ein Teil waren. Es war schwer, nicht an ihre Macht zu glauben, die Sicherheit und Präzision, mit der sie ihr Ritual durchführte, machte sie in meinen Augen magisch. Und dann überkam mich ein Gefühl, als ob ich plötzlich in der Gegenwart Gottes war. Ich kam mir ganz klein vor. Dann gingen wir alle zurück zu den Hütten zum Schlafen, am Morgen wurde beim Klang ihrer Worte wieder alles lebendig und farbig. Die Größe der Schöpfung war mir dank ihr klar geworden.«

Eine der aufregendsten Geschichten, die Papa uns immer wieder erzählen musste, handelte von einer Reise ins Amazonasgebiet. Es war 1974, als er *Zwei Missionare* drehte. Er hatte von einem Stamm gehört, der ihn sehr faszinierte, also beschloss er, ihr nahe gelegenes Dorf in einer Drehpause zu besuchen. Nach seiner Rückkehr von dieser Reise erzählte er uns von dieser unglaublichen und mysteriösen Erfahrung.

Er war in das Dorf eines Indiostammes der Arawak gegangen, mit dessen Bräuchen und Traditionen er sich vorher beschäftigt hatte. Papa war körperlich viel größer als sie, sodass er ihre Neugierde sofort weckte. Das Dorf befand sich in einem Tal am Ufer eines Flusses, der natürlich eine Quelle des Lebens für die Dorfbewohner und zugleich eine fantastische Spielwelt für die Kinder war. Ich weiß noch, wie Papa, als er diese Geschichte erzählte, die Augen schloss und sich in seinen Erinnerungen verlor.

»Ich konnte dem Ruf des Wassers nicht lange widerstehen, mein erster Tauchgang faszinierte die Kinder, für sie war es unvorstellbar, dass ich mit meiner Größe im Wasser schweben konnte, ihre freudigen Schreie zogen sogar die Großen an. Dann sah ich zum ersten Mal diesen kleinen Indio, der meine Sichtweise für immer verändern sollte. Sein Alter konnte ich nicht schätzen, das Gesicht war schmal und von Falten zerfurcht, ein alter Mann! Das Gesicht war bis zu den Wangenknochen schwarz gefärbt, nur noch die Nasenspitze war hautfarben, und die Augen strahlten wie die eines Tieres, das dich im Dunkeln friedlich anschaut. Die Ohrläppchen waren zwei große Löcher, und von den Ohren führten zwei rote Streifen bis zu den Mundwinkeln. Sein Kopf war mit grünen Papageienfedern geschmückt, die einen Heiligenschein bildeten und das Gesicht einrahmten. Der dünne und drahtige Körper stand im Gegensatz zu dem alten Gesicht, das von der Zeit geprägt war. Er drückte die Kraft dieses Ortes aus, das Geheimnis des Waldes, er weckte Respekt vor den wilden Tieren, aber der Blick des Mannes vermittelte ein Gefühl des Friedens.

Mit der Zeit lernte ich auch andere Stammesmitglieder kennen, jene, die ich bei meinem ersten Tauchgang am Flussufer bemerkt und dann nicht mehr gesehen hatte. Sie erzählten mir von einem Schamanen.«

An dieser Stelle in der Geschichte unterbrach ich immer meinen Vater: »Papa, was ist ein Schamane?«

Die Antwort darauf wusste ich bereits, weil ich die gleiche Frage schon Dutzende Male gestellt hatte, aber ich liebte es, wie Papa dann immer seine Stimme veränderte, um die Geschichte möglichst geheimnisvoll klingen zu lassen: »Der Schamane ist eine Art Magier, ein Arzt, unglaubliche Geschichten werden über ihn erzählt. Er ist ein Jaguar des Waldes, er kennt den Wald wie kein anderer, er spricht mit allem, was darin ist, mit Bäumen, Felsen, Pflanzen und Tieren. Der Schamane reist im Dunkeln und bringt denjenigen die Lebensenergie zurück, die sie verloren haben. Ich war sehr neugierig und tat alles, was ich konnte, um ihn kennenzulernen, aber ich bekam ihn nie zu fassen.

Eines Tages, als ich zwischen den Hütten umherspazierte, befand ich mich plötzlich, ich weiß nicht wie, in einem Teil des Dorfes wieder, den ich zuvor nie bemerkt hatte und in den man auch nicht so oft kam. Er lag eher in Richtung des Waldes, fast versteckt oder besser gesagt, er war ein Teil davon. Fast so, als wäre ich einem geheimnisvollen Ruf gefolgt, fühlte ich mich magisch zu einer Hütte hingezogen. Von innen kam der Klang zweier Hölzer, die aneinander geschlagen wurden. Ein rhythmischer Klang, den ich als sehr angenehm empfand. Fast schon instinktiv ließ ich mich davon anziehen. Die anderen Geräusche, die von den Aktivitäten im Dorf und aus dem Wald kamen, nahmen plötzlich ab und ließen den Klang der Hölzer in mir wachsen.

Als ich die Hütte betrat, sah ich den kleinen alten Mann, mit denselben Farben in seinem Gesicht, aber ohne die Federkopfbedeckung. Er war darauf konzentriert, die beiden Hölzer zu schlagen, die mich zu ihm geführt hatten, sie waren aber nicht die einzigen Dinge, die Klang erzeugten, eine Reihe von Armbändern, Halsketten mit angebrachten Schmuckstücken aus Pflanzen, Tierzähnen und kleinen Knochen trugen ebenso zu diesem magischen Klanggemisch bei. Der Schamane schien meine Anwesenheit nicht zu bemerken, sein Körper war zwar anwesend, aber er war nicht da. Mit kleinen, fast unmerklichen Bewegungen schlug er die Hölzer zusammen, als ob ihn ein leichtes Zittern durchdrang. Ich setzte mich auf den Boden und wurde von diesem Klang mitgerissen, mein Kopf wurde immer schwerer, und die Gedanken schienen dieses Gefühl auf meine Arme zu übertragen, ich fühlte mich wie ein Felsbrocken. Ich war ruhig, und im Geiste schlug ich den Rhythmus mit, den der Schamane vorgab.

Wenige Augenblicke später fühlte sich mein ganzer Körper sehr schwer an, aber mein Geist war nun vom Körper gelöst, und meine Wahrnehmung des Ortes änderte sich allmählich. Ich war nicht mehr in der Hütte, sondern wie schwebend in einem Zustand völliger Ruhe, so wie ich mich beim Schwimmen fühle. Der Unterschied zum Schwimmen bestand nun darin, dass ich fühlte, wie sich Energie in mir ansammelte, ich fühlte mich voller Vitalität. Ich verlor die Kontrolle über die Zeit, und als die Stimme des kleinen Indios mich zurück in seine Hütte holte, kam es mir vor, als ob eine Ewigkeit vergangen war. ›Ich brauche dir nichts zu sagen, du weißt alles, und ich hatte dich schon erwartet. Als ich dich auf dem Wasser des Flusses sah, hat mir der Wald von dir erzählt, die mächtigen Tiere haben mir von dir erzählt. Du hast die Macht, mit dem Herzen zu sehen, komm zu mir, wenn du willst, ich zeige dir einen Weg.‹ Er lud mich ein, den Weg zu positiven Schwingungen zu finden. Das war das kostbarste Geschenk, das der Wald mir in Gestalt des Schamanen machte. Seitdem nutze ich diese Kraft, um mich wieder aufzuladen und dem Leben immer mit der besten Energie zu begegnen.

Als ich zum Filmset zurückkehrte, kam es mir vor, als ob Stunden vergangen wären. In Wirklichkeit aber waren es nur ein paar Minuten gewesen, und ich war ausgeruht wie nach einem langen, erholsamen Schlaf.«

Seine Geschichte endete immer mit den Worten: »Denke daran, dass du im Leben immer die Demut eines Schülers haben musst, nur so kannst du Lehrer werden und von all denen lernen, denen du auf deinem Weg begegnest. Die Weisheit liegt im Lernen aus allen Dingen.«

Im Laufe der Jahre habe ich oft Momente erlebt, in denen Papa ausgelaugt war. Dann hat er innerhalb von wenigen Augenblicken die ganze Energie zurückgewonnen, die er brauchte. Es war eine Art Selbsthypnose, er schien zu schlafen, und nach kurzer Zeit kam er perfekt aufgeladen aus diesem tranceartigen Zustand zurück.

Von dieser Reise kehrte er nicht nur mit dem Geschenk des Schamanen zurück, sondern brachte ein Kanu mit, genau so eines, das die Indios benutzen, um die Flüsse zu befahren. Diese wurden aus einem ganzen Baumstamm hergestellt und waren etwa acht Meter lang. Papa hatte dafür einen unverhältnismäßig hohen Preis gezahlt, aber seiner Meinung nach war es der beste Weg, den Indios für ihre Gastfreundschaft zu danken, ohne ihre Würde zu verletzen.

Dieses Geld entlohnte sie für Tage und Monate harter Arbeit. Der Transport nach Hause kostete mehr als das Kanu, aber für Papa kam es nicht infrage, es nach dem Kauf nicht mitzunehmen. Das Kanu ging also vom Amazonas-Regenwald auf Weltreise und beendete diese an den Stränden von Argentario. Man brauchte sechs Leute, um es von unserem Haus in Cannelle an den Strand zu bringen, es war sehr schwer und ganz schwarz, nur der Rand war abwechselnd in Gelb und Rot lackiert. Alle aus der Familie versuchten sofort, in das Kanu zu steigen, aber für uns war es unmöglich, das Gleichgewicht zu halten. Papa, der gesehen hatte, wie die Indios es benutzten, versuchte, uns Ratschläge zu geben.

Am Ende beschloss er, uns zu zeigen, wie man sich hinstellen musste und wie man ruderte, ohne umzukippen. Also schob er lachend und ganz allein das Kanu aufs Meer, und wir staunten nicht schlecht, als wir das sahen. Aber schon gleich verwandelte sich unser Staunen in ein donnerndes Lachen, denn das Kanu kenterte, und Papas Lachen blieb ihm im Halse stecken. Letztendlich gaben wir unsere Versuche auf, und in den kommenden Jahren sollte ein Spiel daraus werden, wer es schaffte, das Kanu zu besteigen und sich darauf zu halten, bis es umkippte.

Nach einigen Jahren wurde es schließlich in einen Pflanzenbehälter verwandelt, und die Indios hätten sicherlich nicht schlecht gestaunt. Immerhin kehrte das Kanu zur Natur zurück, was die Indios sicher besser verstanden hätten als wir.

Jede Geschichte, die Papa mir erzählte, hat mir beigebracht, wie wichtig die Kraft eines Herzens voller Vertrauen ist. Denn wenn man weiß, dass sich Schönheit in jeder Form und in jedem Alter manifestiert und dass man nur gut genug beobachten muss, um sie zu sehen, dann kann man ein immer besserer Mensch werden, der in der Lage ist, alles Gute der Welt zu erfassen und weiterzugeben.

6

Die Magie

Der Spiegel ist ein großzügiger Spielkamerad. Er ist nie müde oder gelangweilt, und er gab mir als Kind das zurück, was ich in meiner Vorstellung geschaffen hatte. Alles, was ich mir vorstellte, sah ich wie von magischer Hand reflektiert.

In unserem Haus gab es damals viele Menschen, die nicht Teil meiner Fantasiewelt waren. Erwachsene sehen die Welt der Kinder nicht, gehen achtlos durch sie hindurch, ohne die Feen und Gnome zu sehen, die die Fantasie des Kindes geschaffen hat und mit denen es in vollkommener Freude spielt und spricht. Ja, Erwachsene haben diese große Gabe meist verloren, außergewöhnliche Universen zu schaffen, in denen man sein konnte, was man wollte.

Ich war umgeben von Liebe in meiner Familie. Ich wurde von meiner Mutter geliebt, so wie es Erwachsene tun, ihre Weisheit durchdrang alles, und sie unterstützte mich zu jeder Zeit. Mein Bruder Giuseppe ging typischen Jungsspielen nach und hatte Spaß mit seinen Freunden, wobei ich oft von dieser Bande ausgeschlossen wurde. Genügend Aufmerksamkeit holte ich mir bei Ninòn, unserem Kindermädchen, sie bedachte mich mit tausend Aufmerksamkeiten und war immer für mich da. Aber niemand außer dem Spiegel interessierte sich für das, was ich mir vorstellte zu sein: mal eine Fee unter vielen Feen, mal die Königin eines verzauberten Königreichs oder tausend andere Figuren aus verschiedensten Epochen. Ich lebte sozusagen darin, was er mir als Spiegelbild in seinem silbernen Rahmen zurückwarf, verlor mich in der Zeit und beschäftigte mich immer wieder mit neuen Abenteuern.

Eines Tages, als ich einen Frosch namens Ciccio küsste, der im Spiegel in einem Weiher lebte, hier im Wohnzimmer meines Hauses, irgendwo zwischen zwei mächtigen Bücherregalen, spiegelte sich die gigantische Figur meines Vaters wider, die den ganzen Horizont einzunehmen schien und alles mit seinem Lächeln erhellte.

Seine Stimme schwingt immer noch tief in meinen Erinnerungen mit: »Guten Morgen Prinzessin, wartest du auf deinen Prinzen? Gib mir einen Kuss, ich muss zur Arbeit. Ich gehe nach Almería, das ist eine Stadt in Spanien, aber ich verspreche dir, dass ich schon bald zu dir zurückkommen werde.« Er streckte seine Arme in meine Richtung aus, ich lief los, ein Lauf, der in seinen Händen endete, und ich wurde hochgehoben, ich flog, setzte zum Sinkflug in Richtung seines Gesichts an, versenkte meine Lippen in den dunklen Bart, der nach Papa roch. Das waren magische Momente, in denen ich lebte, als ob sie von meiner Vorstellungskraft erzeugt worden wären. Als ich zur Realität zurückkehrte, war ich erstaunt: Papa wusste es, er sah, wer ich war, er sah, was andere nicht verstanden.

Die Tage vergingen, und ich reiste mit meinem stummen Spielkameraden, dem magischen Spiegel, in dieses ferne Land namens Spanien. In diesem Moment war ich eine Flamencotänzerin, die auf Holztischen zum Klang einer

Gitarre tanzte. Jeder war von meinem Tanz verzaubert, und der Sohn eines Königs aus Übersee schenkte mir sein Herz und seine ewige Liebe. Einen Tag früher als geplant kehrte Papa mit einem Koffer zurück, der selbst im Vergleich zu seiner Körpergröße gigantische Ausmaße hatte. Mama, Giuseppe und ich freuten uns über seine unerwartet frühe Rückkehr.

Der Koffer, den er bei sich hatte, war voller Geschenke. Giuseppe bekam Cowboystiefel, die vom Set des Films stammten, den Papa in Spanien gedreht hatte. Während mein Bruder die bewundernden Blicke der anderen auf sich zog, versuchte ich neugierig, einen Blick in den großen Koffer zu werfen, und erblickte ein Durcheinander von Farben, lauter Kleidung, Hosen und Schuhe. Ich wollte unbedingt wissen, was Papa für mich mitgebracht hatte. Mit seinen großen Händen fing Papa an, etwas im Koffer zu suchen, dann zog er eine mit einem Band umwickelte Schachtel hervor. »Das ist für dich«, sagte er mit einem Lächeln. Ich konnte mein Geschenk kaum halten, weil es so groß und schwer war.

Ungezügelt und unvorsichtig beförderte ich es zu Boden, so wie es nur Kinder tun – ihre eigene Art und Weise, Danke zu sagen. Ich riss das Papier von der Schachtel und fand darin ein rotes Flamencotänzerkleid mit weißen Punkten, Schuhe mit Absätzen – meine ersten –, außerdem Kastagnetten, einen Fächer und eine große Haarspange für die passende Frisur. Es war nur ein Moment gewesen, in dem ich vor dem Spiegel gestanden hatte, aber trotzdem war Papa bei mir gewesen. Er hatte gewusst, wer ich war. Irgendwie hatte er es in meine fantastische Welt geschafft und hatte mich Flamenco tanzen sehen!

Als Kind dachte ich oft, dass Papa zaubern kann. Er benutzte oft kleine Zaubertricks, um uns glücklich zu machen. Als er von einer seiner Reisen zurückkam, rief er mich und meinen Bruder zu sich, wir waren etwa fünf und sieben Jahre alt. Er sagte uns, dass wir die Augen schließen sollten – ich erinnere mich, dass er meine Haare streichelte. Seine Hand war so stark und gleichzeitig zart und auch so groß, dass sie meinen ganzen kleinen Kopf bedeckte. Er sagte mir, ich solle an etwas Schönes denken, auf diese Weise würde etwas Fantastisches passieren. So aufregend dieser Moment auch war, diese Streicheleinheiten brannten sich in mein Herz und in meine Seele. Plötzlich zog er hinter meinem Ohr ein wunderschönes Küken hervor, ganz rosa, umschlossen von Papas riesiger Hand. Genauso machte er es auch bei meinem Bruder, und ruck, zuck erschien ein weiteres Küken, Giuseppes war blau.

Dann sollten wir uns auf seine Knie setzen, was für uns immer bedeutete, dass er uns nun eine seiner tollen Geschichten erzählte, keine Märchen, sondern von ihm erlebte Geschichten. Wir Kinder hielten unser Geschenk in den Händen in der Angst, diese kleinen Wesen zu verletzen, gleichzeitig warteten wir freudig auf die Geschichte, die er uns erzählen wollte. Seine tiefe Stimme erreichte unser Herz: »Die Welt ist perfekt«, sagte er, »und wer sehen kann, kann überall Poesie finden. Das geschaffene Gleichgewicht zu ändern, ist oft ein Fehler. Um die Menschen zu belustigen, hat ein schlechter Mensch Küken in vielen verschiedenen Farben bemalt. Aber diese kleinen Tiere lieben ihr strahlendes Gelb und fühlen sich mit diesen bunten Federn lächerlich. Ich kam zufällig vorbei und hörte, wie sich eines der Küken lautstark über sein Schicksal ausließ: ›Ich erkenne uns gar nicht mehr, so blau bemalt. Jetzt sehen wir lächerlich aus, weil wir nicht mehr die Farbe unserer Geschwister haben.‹ Ich wurde wütend auf den bösen Mann, der nicht respektierte, was Gott geschaffen hatte, und befreite die Küken, die ihr jetzt in euren Händen haltet. Ich habe sie euch mitgebracht, nicht damit ihr euch an ihrer besonderen Farbe erfreut, sondern ihnen ihre Würde zurückgebt, die darin besteht, dass sie in ihrer natürlichen Farbe vollkommen sind.«

Diese Küken, genannt Clotilde und Pia, erlangten bald wieder ihr natürliches Gefieder und wurden im Laufe der Zeit zu zwei wunderschönen Hühnern, die ungestört durch unseren Garten streiften und ihre Eier in ihrem Hühnerstall legten. Seit diesem Tag haben wir alle Tiere immer respektiert, sie wurden nicht zu unserem Vergnügen erschaffen, sondern um unsere Gefährten zu sein.

Ich erinnere mich, dass wir in jenen Jahren in einer Villa in der Via Cortina d'Ampezzo lebten, im Garten gab es zwei große Figuren der Zeichentrickmaus Gigio, fast so groß wie wir Kinder. Am Abend, als Papa nach Hause kam, und bevor wir uns aufs Schlafengehen vorbereiteten, fragte er uns, ob wir artig gewesen seien; wie es wohl alle Kinder getan hätten, war unsere Antwort natürlich, dass wir sehr artig gewesen seien. Aber er fragte meistens noch einmal genau nach, er schien unsere Gedanken lesen zu können. Er schickte uns dann immer zu den Gigio-Figuren und sagte, wenn wir die Wahrheit gesagt hätten, würden wir dort Süßigkeiten in scharlachrotem Papier finden, die berühmten »Rossana«-Bonbons – aber wenn wir gelogen hätten, würden wir nichts finden. Wenn ich nichts fand, kehrte ich beschämt ins Haus zurück, einmal mehr überzeugt davon, dass Papa magische Kräfte hatte, weil er in mich hineinschauen und Dinge entdecken konnte, die niemand außer ihm sehen konnte.

Papa benutzte oft die Magie, um uns abzulenken, wenn wir zum Beispiel vom Arzt einen Impfstoff oder eine Spritze bekommen mussten. »Schau!«, rief er dann und holte sich damit meine Aufmerksamkeit. Er öffnete beide Hände, um zu zeigen, dass sie leer waren, schnippte dann mit den Fingern in der Nähe meines Ohres und zog plötzlich, wie aus dem Nichts, eine Münze hinter meinem Kopf hervor, schließlich eine weitere und dann noch eine. Am Ende gratulierte er mir und sagte, dass ich gut und mutig gewesen sei, aber ich fühlte mich eher von der Impfung benommen und verwirrt.

Seine Spiele waren seine Taktik, um mich abzulenken und zu beruhigen, also musste er immer neue Tricks lernen. Er war ein Meister darin, uns zum Staunen und zum Träumen zu bringen. Eines Tages, als ich einen meiner üblichen Wutanfälle hatte, näherte er sich mir mit einer Zigarette zwischen seinen Lippen. Plötzlich leuchtete die Glut der Zigarette auf, er stieß eine dicke Rauchwolke aus, dann ließ er den Zigarettenstummel plötzlich in seinem Mund verschwinden. Ich war erstaunt und hörte sofort mit dem Weinen auf. Nach ein paar Sekunden, die mir wie eine Ewigkeit vorkamen, beförderte Papa die glühende Zigarette mit einer schnellen Lippenbewegung und der Zunge wieder aus seinem Mund. Noch heute wundere ich mich, dass er sich den Mund nicht verbrannt hatte. Es waren simple Tricks, aber er war sehr geschickt, und wir waren immer fasziniert von ihnen.

Papa war auch besonders in Sachen Geschenke, er schenkte nur das, was er wirklich wollte. Als er mir eines Tages ein riesiges Sparschwein aus Ton mitbrachte, war ich ein wenig enttäuscht von diesem Geschenk, denn Terrakotta ist für ein Kind wirklich keine attraktive Farbe, und dann hatte es auch nur diese klassische Form, wäre es doch wenigstens ein Ferkel gewesen! Er las sofort meine Gedanken und sagte: »Ich schenke dir einen Traum, und du erkennst ihn nicht? Fülle es mit Münzen, dann kannst du dir irgendwann deinen Traum erfüllen. Wenn dir die Farbe nicht gefällt, kannst du es anmalen, wie du willst.« Er erklärte mir, dass das Sparschwein wie eine Schatzkiste sei ... »Es beinhaltet Wertvolles, und ist eine Traumfabrik. Es gibt dir die Möglichkeit, irgendwann etwas zu bekommen, was du nicht sofort haben kannst, es ist eine positive Art, auf eine Wunscherfüllung hinzuarbeiten.« Diese Erklärung reichte aus, um in diesem Geschenk den immensen Wert von Träumen zu erkennen. Meine kindliche Fantasie ließ mich sofort Kutschen, Pferde und Schlösser sehen. Noch heute liebe ich die »Dindaroli« aus Ton, ich bemalte sie mit der Fantasie, die mich nie verlassen hat und die Papa mit seiner Magie genährt hatte.

7

Das Mitgefühl

Es muss 1976 gewesen sein, als wir beschlossen, Weihnachten in Kolumbien zu verbringen. Meine Eltern wollten ihre lieben Freunde Jacqueline und Salvo Basile nach langer Zeit wiedersehen, und nach den Feiertagen musste Papa in der schönen Stadt Cartagena einen Film drehen. So fuhren wir mit Geschenken für unsere Freunde bepackt und einem riesigen, fünf Kilo schweren Panettone beladen, der damals außerhalb Italiens nicht zu bekommen war, zum Flughafen. Im Flugzeug hatten wir große Mühe, den Kuchen in das Fach für Handgepäck zu zwängen, was die Passagiere neben uns sichtlich amüsierte.

Wir flogen mit Iberia, mit einem Zwischenstopp in Madrid. Als wir bereit waren weiterzufliegen, kündigte eine Stewardess über das Bordmikrofon an, dass es aufgrund eines spontanen Streiks nicht möglich gewesen sei, das Flugzeug mit Nachschub an Essen zu beladen. Diese Nachricht wurde von uns zunächst mit einer gewissen Gleichgültigkeit aufgenommen, aber nach einigen Stunden hatten wir riesigen Hunger.

Meine Brüder und ich fingen an herumzunörgeln. Da kam meine Mutter auf eine Idee und rief: »Aber wir haben doch den Panettone!« Mein Vater sagte sofort mit seiner brummigen Stimme, dass der Panettone unter keinen Umständen angerührt werden dürfe, weil ein Weihnachtsfest ohne diese italienische Spezialität undenkbar sei (darin war er sehr traditionalistisch). Außerdem sei es ein Geschenk für seine Freunde, daher dürfe ihn niemand anfassen! Man dürfe nicht einmal daran denken!

Als sich auch bei ihm der Hunger im Bauch bemerkbar machte, tat er so, als könne er unsere Nörgelei nicht mehr ertragen und erteilte uns die Erlaubnis, auf die Sitze zu klettern und den prächtigen Panettone aus dem Handgepäckfach herauszuholen. Man konnte sehen, dass Papa eher sterben würde, als ihn jetzt zu essen, aber er gab sich gleichgültig. Also machten wir uns unter den wachsamen Augen der anderen Passagiere auf, den Kuchen zu holen.

Als wir das Fach öffneten, breitete sich ein köstlicher Duft in der gesamten Kabine des Flugzeugs aus, der Geruch war so berauschend, dass sogar die schlafenden Passagiere davon aufwachten. In diesem Augenblick, umgeben von den hungrigen Blicken der Passagiere, fühlte Dad sich gezwungen, seine Nachbarn zu einem spontanen Mittagessen einzuladen. Stück für Stück, mit den Händen abgebrochen, weil sie kein Messer hatten, wurde dieser köstliche Panettone immer kleiner, und damit verschwand auch das Vorhaben meines Vaters, mit seinen Freunden ein traditionelles Weihnachtsfest in der Karibik zu feiern. Papa konnte seinen Hunger nicht stillen, aber er machte gute Miene zum bösen Spiel, indem er sich damit trösten ließ, ein ganzes Flugzeug versorgt zu haben.

Ich erinnere mich sehr gern an diesen Moment: das lächelnde Gesicht meines Vaters bei der Verteilung der Kuchenstücke und die Euphorie meiner Mutter, mit der sie ihn überzeugt hatte. Es war ein ehrlicher Moment des Teilens, in dem seine sympathische Art das ganze Flugzeug eroberte.

Bei der Ankunft in Bogotà brachen die Passagiere in begeisterten nicht enden wollenden Applaus aus, diesmal nicht für den Schauspieler, sondern für den Besitzer eines saftigen italienischen Panettone! Papas Mitgefühl war sprichwörtlich, und die lustigen Geschichten mit ihm sind vielfältig.

Es gibt noch eine Anekdote rund ums Fliegen, die ich nicht vergessen kann: Wir landeten mal mit erheblicher Verspätung mit dem Flugzeug, und Papa hatte einen dringenden Termin. Er hasste es, zu spät zu kommen, und so eilte er aus dem Flughafen, schob uns vor sich her zu einer Stelle auf dem Parkplatz, wo für gewöhnlich ein Auto mit Fahrer auf ihn wartete. Sofort erblickte er das blaue Auto, das scheinbar auf uns wartete, der Fahrer stand daneben. Papa war völlig fertig, uns ging es noch schlimmer, weil wir mit seinem Tempo zu kämpfen hatten. Ohne Zeit zu verschwenden, sagte er zum Fahrer: »Los, los, los, ich bin spät dran!«

Der Fahrer setzte sich sofort auf den Fahrersitz, und Papa nahm den Platz neben ihm ein, nachdem er uns buchstäblich auf den Rücksitz geworfen hatte. Der Fahrer fragte, wohin er uns bringen solle, und nachdem Papa ihm den Weg beschrieben hatte, fuhr er los. Es war ein langer Weg, und wir waren total übermüdet.

Als wir am Ziel angekommen waren, enthüllte der Mann, dass er gar kein Chauffeur war, sondern ein Anwalt. Es war sein Privatauto, er hatte seine Familie zum Flughafen begleitet und wollte zur Arbeit fahren. Aber als er Papa so besorgt wegen seiner Verspätung gesehen und ihn auch erkannt hatte, brachte er nicht den Mut auf, ihm zu widersprechen.

Wir waren zunächst sprachlos, dann begannen wir über die absurde Situation zu lachen. Auch Papa und der nette Anwalt schlossen sich unserem Lachen an. Wenige Tage später schickte Papa dem Anwalt ein Foto von ihm mit einer Widmung und Worten großer Dankbarkeit.

8

Boxer und andere Tiere

Papa liebte Tiere, besonders Hunde. Er war mit ihnen aufgewachsen, und auch er wurde von ihnen besonders geliebt und respektiert. Seinen Boxer Krassin nahm er oft mit in sein Büro, damit er ihm während der Arbeit Gesellschaft leisten konnte.

Meine Mutter hingegen protestierte immer, sie wollte keine Tiere. Sie trug schon genug Verantwortung: Durch seine Arbeit war Papa oft lange Zeit von zu Hause fort, und Mutter hatte mit uns drei Kindern sehr viel zu tun.

Doch eines Tages tauchte Papa mit einem Boxerwelpen namens Rina auf. Sie war wunderschön. Wir waren so glücklich und begeistert, dass meine Mutter zustimmte, sie zu behalten. Nach ein paar Monaten zogen wir aufs Land. Eines schönen Tages im Sommer büxten Krassin und die damals einjährige Rina aus und paarten sich. Das Ergebnis waren 13 wunderbare Welpen, eine echte Ladung Mini-Boxer, in die sich Papa hoffnungslos verliebte und jeder Versuch von Mama, einen davon abzugeben, scheiterte. Eine erfahrene Hundespezialistin namens Emilia hatte bei der Geburt geholfen und wies uns nun an, wie wir die Hunde aufzuziehen hatten. Die Kleinen waren klug und lernten schnell, wie man sich verhalten musste, um ins Herz der Menschen geschlossen zu werden. Sie umgarnten auch meine Mutter so sehr, dass sie letztlich auch einverstanden war, sie alle zu behalten.

Die Namenswahl war eine komplexe Angelegenheit, die Gegenstand großer Diskussionen war, weil jeder seinen Lieblingsnamen vorschlagen konnte. Zuerst mussten wir uns entscheiden, ob wir deutsche Namen wie den des Hundepapas oder italienische Namen wie den der Hundemama wählen sollten, aber dann entschieden wir uns für einen Mittelweg. Ich erinnere mich, dass Diamante den Namen Giada für den kleinsten Welpen wählte, ich nahm Stella für denjenigen, der einen weißen Punkt in der Mitte seiner Brust hatte. Giuseppe nannte seinen Hund Leopold und Papa seinen Arturo, der offensichtlich der größte des Wurfes war. Mama kümmerte sich nicht um die Namen, aber sie ließ mehrere Hundehütten mit Zaun neben dem Haus bauen, um sie alle unterzubringen.

Für uns war es ein unvergessliches Erlebnis: Das Haus wurde von den Welpen überrannt, an jeder Ecke traf man einen von ihnen an, sie waren überall, auf und unter dem Sofa und sogar in unseren Betten. Als ob das noch nicht genug wäre, bellten sie die ganze Zeit und knabberten Stuhlbeine, Tische, Möbel und andere Dinge an. Besonders liebten sie es, die großen Schuhe meines Vaters zu stehlen. Für uns war es ein riesiger Spaß zu sehen, wie sie versuchten, mit diesem Schuh in Größe 47, der viel größer als sie war, wegzulaufen. Sie spielten damit und kämpften darum, als wäre es ein Knochen. Nur Papas donnernde Stimme konnte ihrem Treiben ein Ende bereiten. Auch Mama versuchte, die verspielten Angriffe der Hunde zu stoppen, aber jeder ihrer

Bud genießt seine Freizeit.

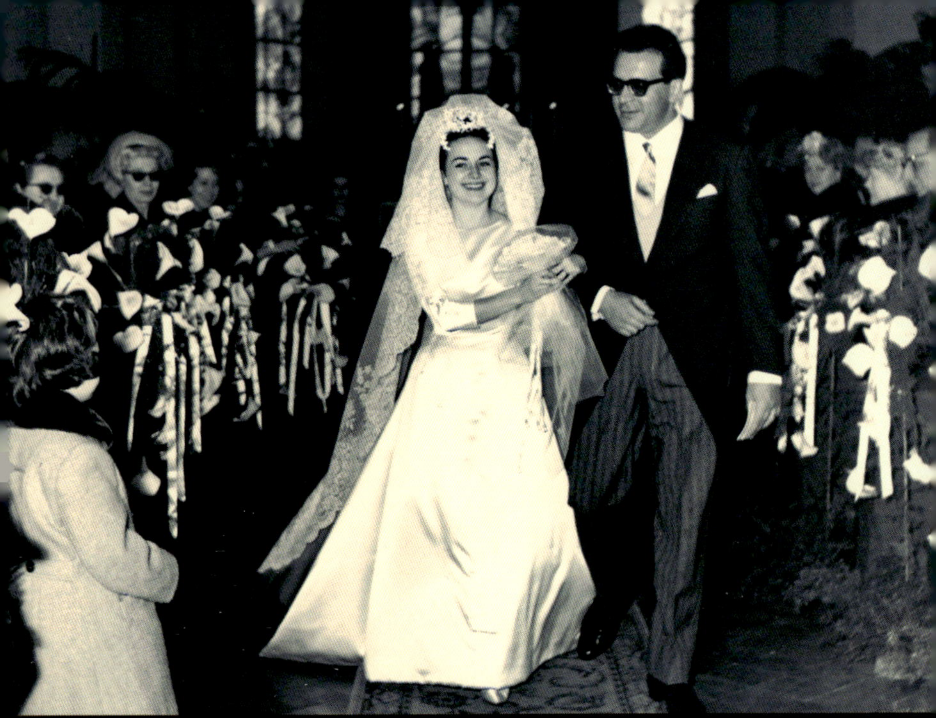

Oben: Maria und Carlo am Tag ihrer Hochzeit, 25. Februar 1960. Unten links:
Bekanntmachung der Hochzeit in der Zeitung. Unten rechts: Bud und Maria.

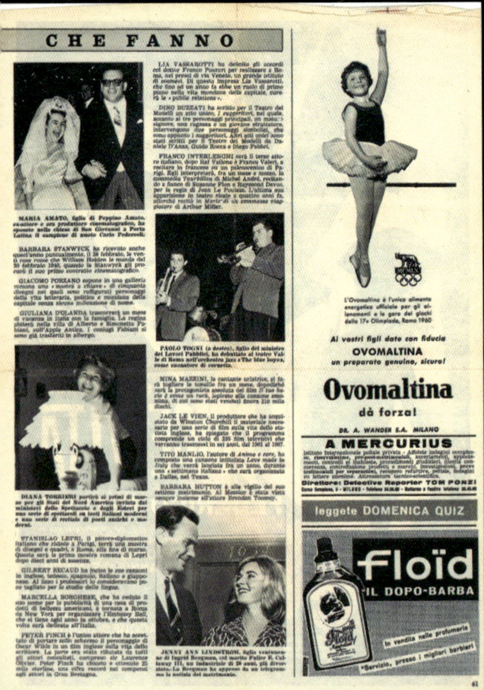

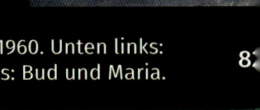

Oben: Bud und Maria beim Abendessen mit Freunden, 1973.
Unten: Maria, Buds Schwester Vera und Bud.

Oben und unten:
Bud als Schlangenbeschwörer.

Oben: Bud füttert einen Elefanten im Zoo.
Unten: Ein Großes für den Großen.

5

Bud besucht seine Bekleidungsfirma Baltro in Italien.

Oben: Bud bei einer seiner Lieblingsbeschäftigungen, 1982.
Unten: Bud mischt sich bei einer Preisverleihung unter die Gäste.

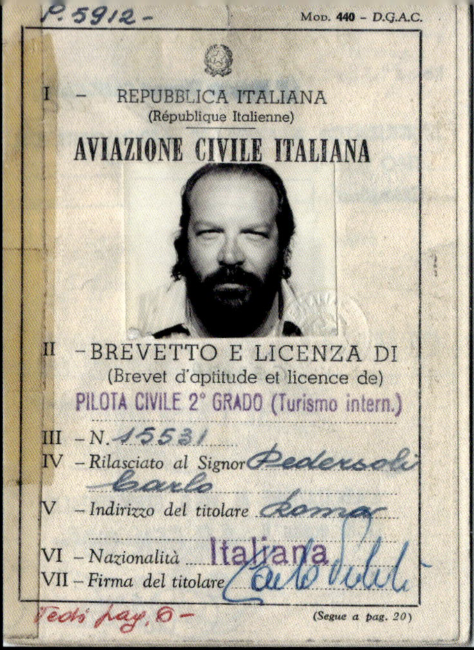

P. 5912 -

Mod. 440 - D.G.A.C.

I - REPUBBLICA ITALIANA
(République Italienne)

AVIAZIONE CIVILE ITALIANA

II - BREVETTO E LICENZA DI
(Brevet d'aptitude et licence de)
PILOTA CIVILE 2° GRADO (Turismo intern.)

III - N. 15531

IV - Rilasciato al Signor Pedersoli Carlo

V - Indirizzo del titolare Roma

VI - Nazionalità Italiana

VII - Firma del titolare Carlo Pedersoli

Vedi pag. 6 -

(Segue a pag. 20)

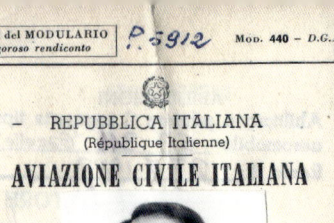

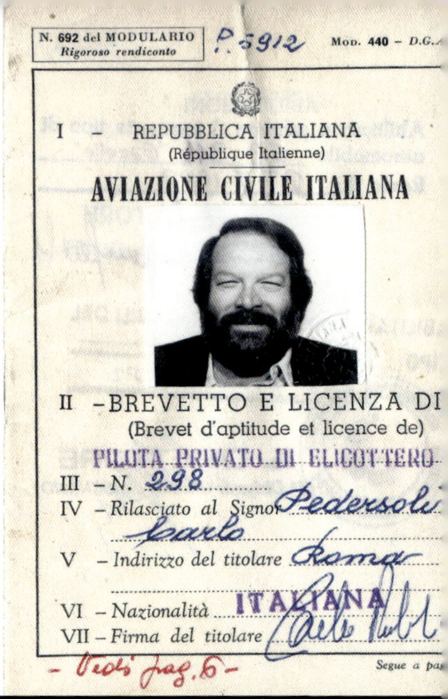

N. 692 del MODULARIO
Rigoroso rendiconto

P. 5912

Mod. 440 - D.G.A.C.

I - REPUBBLICA ITALIANA
(République Italienne)

AVIAZIONE CIVILE ITALIANA

II - BREVETTO E LICENZA DI
(Brevet d'aptitude et licence de)
PILOTA PRIVATO DI ELICOTTERO

III - N. 298

IV - Rilasciato al Signor Pedersoli Carlo

V - Indirizzo del titolare Roma

VI - Nazionalità ITALIANA

VII - Firma del titolare Carlo Pedersoli

- Vedi pag. 6 -

Segue a pa

Oben: Die Pilotenscheine für Flugzeug und Hubschrauber –
Bud machte sie innerhalb kürzester Zeit.

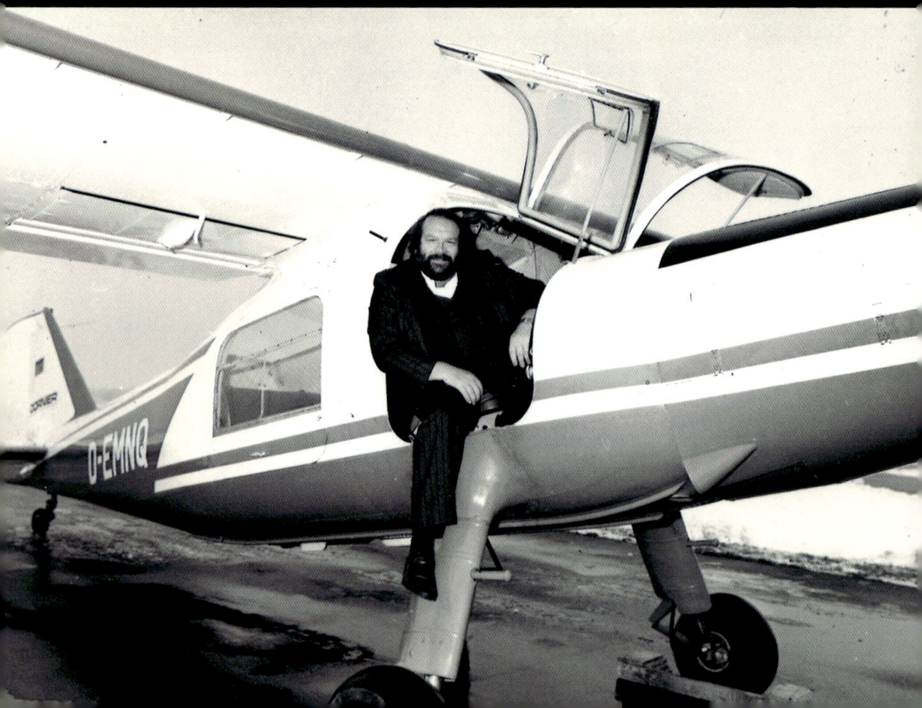

Oben: Bud mit Freunden in seinem Flugzeug, 1975.
Unten: Bereit zum Abheben.

Oben: Bud mit seinem Freund Paolo Marinelli, 1978.
Unten: Buds Boot, die »Papaya«.

Oben: Käpt'n Bud bereitet sich auf einen Flug vor, 1990.
Unten: Ebenfalls eine seiner Leidenschaften – schnelle Autos.

Oben: Ohne Musik geht nichts – Bud unterhält die Partygäste, 1978.
Unten: Auch am Klavier ein Meister – Bud auf einer Feier, 1994.

Oben: Am liebsten spielte und sang er in Gesellschaft, 1995.
Unten: Bud und Cristiana singen gemeinsam auf einer Party, 1996.

Oben: Bud signiert ein No-Regrets-Sparschwein, das für wohltätige Zwecke versteigert wird. Unten: Bud und Cristiana mit bemalten Sparschweinen.

NO REGRETS
ASTA SALVADANAI D'ARTISTA

Mercoledì 8 Giugno 2016 ore 18.30

progetto di **Cristiana Pedersoli**

a cura di **Paola Valori**

Bud vor seinem Flugzeug, 1979.

Versuche war vergebens, die Welpen beachteten sie nicht. Als Papa mal wieder für längere Zeit unterwegs war, musste er sich nach seiner Rückkehr komplett mit neuen Schuhen eindecken, weil alle anderen angefressen oder ganz kaputt waren.

Als die Hunde ausgewachsen waren, war die Situation so unkontrollierbar geworden, dass die einzige Lösung darin bestand, sie in der Villa auf dem Land zu halten. Für die Hunde war es natürlich die größte Freude, sie konnten den ganzen Tag im Garten herumstreunen, aber auch dort verursachten sie Ärger. Sie spielten miteinander, kauten an Holzstöcken und lagen in der Sonne, aber ihr Lieblingsspiel war es, große Löcher in den Boden zu buddeln, was Gigi, unseren Gärtner, wütend machte, sodass ständig der Garten und das gesamte Grundstück bewacht werden musste.

Meine Mutter war froh, dass die Hunde nun in der Villa waren, so konnte sie wieder etwas Ruhe finden und Ordnung und Sauberkeit im Haus halten.

Aber zu Hause hatten wir nicht nur Hunde. Wie könnte ich Loreto vergessen? Er war ein Geschenk meiner Tante Marina, ein prächtiger Amazonas-Papagei, der Frauen – vor allem Blondinen – hasste und versuchte, sie anzugreifen, sobald sich die Gelegenheit ergab. Das war ein echtes Problem für mich, denn ich wollte unbedingt sein Vertrauen gewinnen und seinen Kopf streicheln, aber leider passte ihm aus irgendeinem Grund mein blondes Haar nicht! Loreto liebte Papa bedingungslos. Immer wenn der Papagei von ihm gestreichelt werden wollte, neigte er ihm den Kopf zu. Er konnte sehr deutlich und gut sprechen und imitierte immer Papas Stimme: »Hallo, wie geht es dir?« Um Papa zu sich ins Wohnzimmer zu locken, wo sein Käfig stand, imitierte er das Telefonklingeln oder den Klang der Türklingel. Immer wenn Papa ihm dann Aufmerksamkeit schenkte, inszenierte er eine kleine Show und begann, sich auf dem Holz seines Sitzplatzes hin und her zu bewegen. Diese Art von Tanz begleitete er mit rhythmischen Kopfbewegungen und untermalte das Ganze mit Worten und Geräuschen. Jedes Mal, wenn er Papa für sich allein haben konnte, wurde er euphorisch, als ob es eine große Party wäre.

Loreto hat uns viel Spaß gemacht, er brachte uns immer zum Lachen. Besonders unterhaltsam war es, wenn es an der Tür klingelte, Loreto den Tonfall meines Vaters imitierte und fragte: »Wer ist da?« Die Leute antworteten und nannten ihren Namen, während sie darauf warteten, dass sich die Tür öffnete, aber der Vogel wiederholte die Frage in Papas Tonfall: »Wer ist da?« Die Gäste antworteten dann ein weiteres Mal, dieses Mal etwas lauter und bestimmter. Dieses Spiel hätten wir immer weiter fortführen können, wenn uns nicht unser Lachen hinter der Tür verraten hätte. Wenn wir es übertrieben, riskierten wir immer Ärger von unserer Mutter.

Einmal machte Papa bei diesem lustigen Spiel mit, aber vor der Tür stand an diesem Tag unser Pförtner Paolo, der diesen Spaß bereits kannte. Als Loreto fragte: »Wer ist da?«, begann der Pförtner, den Papagei mit einer Reihe von Schimpfwörtern zu beleidigen, weil er dachte, wir würden ihn mit dem Papagei veräppeln. Als aber Papa die Tür öffnete und Paolo fragte, warum er ihn beleidige, entschuldigte sich der Pförtner verlegen, während wir, hinter der Couch versteckt, Tränen lachten.

Das ergreifendste Erlebnis war, als Papa von einer Reise zurückkehrte und freudig von Loreto mit den Worten begrüßt wurde: »Wie schön! Wie schön! Wie schön!« Loreto freute sich so sehr, ihn wiederzusehen! Papa war begeistert, und von diesem Moment an wiederholte er jedes Mal, wenn er davon erzählte, dass ihn noch nie jemand mit so viel Wärme und Freude zu Hause empfangen habe.

9

Terence

Lieber Terence,

wir haben uns nie Briefe geschrieben. Warum sollten wir uns auch gegenseitig schreiben? Was sollten wir sagen? Etwa was wir an uns schätzen? Das wissen wir doch bereits. Ich respektiere dich als Mensch und als Schauspieler und hoffe, dass du dasselbe von mir denkst. Wir haben die ganzen Jahre gemeinsam damit verbracht, eine Arbeit zu tun, die wir lieben und die uns so viel Freude bereitet hat.

Was wäre passiert, wenn man uns nicht zusammengebracht hätte? Was, wenn der unvergessliche Giuseppe Colizzi nicht all seine Energie, auch finanzielle Energie, in diesen kleinen Film gesteckt hätte, der alle Einnahmen dieser Jahre übertraf »Gott vergibt… Django nie!« Ein Titel, den die Menschen auch heute noch, nach 40 Jahren, als geflügeltes Wort verwenden, genauso wie bei »Zwei wie Pech und Schwefel«. Es ist wahr, dass der große Erfolg des Duos erst mit »Die rechte und die linke Hand des Teufels« kam, aber das Paar wurde mit »Gott vergibt… Django nie!« geboren. Dass es mit diesen zwei authentischen Typen, wie wir es sind, so gut geklappt hat, ist für mich immer noch ein Rätsel.

Es ist wahr, dass es andere berühmte Duos gab, aber sie gehören der Vergangenheit an, jetzt gibt es nur noch uns, auch wenn ein Film über das Duo praktisch unmöglich ist,

und warum sollte man diese alten Geschichten aufwärmen?
Wann sind wir (aus meiner Sicht) als gut aussehende und
junge Typen so überwältigend auf der Leinwand erschienen
und haben viele Generationen unterhalten? Ist das die dritte
oder vierte Generation? Wie haben wir das so lange durch-
gehalten? Wenn du es weißt, sag es mir!

Ich freue mich, dich kennengelernt zu haben, und ich glau-
be, dass man unsere Freundschaft, auch wenn unsere Begeg-
nungen nicht so häufig waren, auf dem Bildschirm sieht, und
das ist möglicherweise das, was viele junge Menschen an-
spricht, die die Freude an einem guten Gefühl verloren haben
und ihr Leben mit unerfüllbaren Wünschen verkomplizieren.

Wir repräsentieren die Einfachheit des Lebens, und viel-
leicht lieben sie uns deshalb – und wir lieben sie.

Aber jetzt hör ich auf zu schreiben, ich freue mich, wenn
du mit Lori zu Besuch kommst, dann gibt es die Spaghetti, die
du so sehr magst.

Bis bald, dein B. S.

*

Ich fand diesen Brief an Terence Hill in einer Schublade
zu Hause, Papa hatte ihn 2008 geschrieben. Er hätte ihn
gerne in seiner ersten Autobiografie veröffentlicht, aber aus
irgendeinem Grund, vielleicht wegen der Vertraulichkeit,
blieb der Brief in der Schublade.[*]

---

[*] *In seinem zweiten Buch »In achtzig Jahren um die Welt« hat Bud Spencer Terence Hill ein langes Kapitel in Form eines Briefes gewidmet.*

Papa glaubte an Freundschaften, die mit Terence war sehr tief. Zusätzlich zu der Wertschätzung, die er ihm als Schauspieler entgegenbrachte, gab es eine perfekte Harmonie auch außerhalb des Sets. Die beiden arbeiteten seit Jahren zusammen, liebten ihre Arbeit, bewältigten harte Aufgaben und überwanden schwierige Zeiten. Dafür wurden sie mit dem Erfolg und der Liebe des Publikums belohnt. Sie genossen es, neue Gags zu erfinden, und halfen sich gegenseitig, ihr Bestes zu geben. Durch ihre Arbeit konnten sie die Welt bereisen und sich mit verschiedenen Kulturen auseinandersetzen.

Ich sah Terence Hill – oder besser gesagt Mario Girotti, wie er damals noch genannt wurde – zum ersten Mal, als ich meinen Vater am Set von *Gott vergibt... Django nie!* besuchte. Ich war etwa sechs Jahre alt, und es war das erste Mal, dass ich an einem Filmset war. Ich erinnere mich, dass in der Nähe des Volturno-Flusses, in der Nähe von Venafro, gedreht wurde und dass es um die Szene ging, in der Papa den Fluss mit Terence auf dem Rücken durchquerte. Sie wiederholten diese Szene mehrmals, und Papa wurde immer nasser und schmutziger.

Damals hatten sie noch keine Ersatzkostüme, um von einer Szene zur anderen zu wechseln, also rieben sie ihre Kleidung mit Erde ein und wiederholten die Szene. Das war meine erste Begegnung mit Terence Hill, aber unter diesen Bedingungen war es fast unmöglich, einen realistischen Eindruck davon zu bekommen, wie es wirklich zwischen ihnen war. Sie sahen aus wie zwei Landstreicher, die sich einige Jahre lang nicht gewaschen hatten. Ich beachtete Terence auch nicht wirklich, weil mein einziger Wunsch in dem Augenblick darin bestand, zu meinem Vater zu rennen und ihn zu umarmen, obwohl ich den Schlamm und den Dreck, der ihn bedeckte, eklig fand.

Nur wenige Jahre später, als ich etwas älter war, fing es an, dass mich Terence' Anblick verzauberte. Es muss um 1971 während der Dreharbeiten zu *Vier Fäuste für ein Halleluja* gewesen sein, ich war etwa zehn Jahre alt, und zum ersten Mal fielen mir seine blauen Augen auf. Sie waren so intensiv, so klar und tief und zogen mich an wie zwei außergewöhnliche Magnete. Wie üblich war sein Haar zerzaust und staubig, aber sein Gesicht hatte etwas Himmlisches an sich. Er hatte eine sportliche Figur, war sonnengebräunt und trug Make-up. Er wirkte am Set in sich gekehrt, konzentrierte sich auf die Wiederholung seines Textes, der kontinuierlich aus seinem Mund mit einem warmen und präzisen Akzent floss, dann wieder Stille. Er nahm das Umfeld, in dem er sich befand, gar nicht wahr; während er seine Szene probte, schien eine unüberwindliche Mauer zwischen seiner Rolle und der wirklichen Welt zu stehen. Ab und zu hob er den Blick; wenn beispielsweise meine Eltern ihn ansprachen, dann zeichnete sich ein süßes Lächeln auf seinem Gesicht ab. Er war sehr freundlich und extrem gut aussehend.

Das Duo Bud Spencer und Terence Hill wurde durch Zufall geboren, war aber von Anfang an erfolgreich; es war der Regisseur und Produzent Giuseppe Colizzi, der diese brillante Eingebung hatte und jenen Film mit Leben erfüllte, der unerwartet alle Einspielergebnisse jener Zeit übertraf: *Gott vergibt... Django nie!* Das Duo arbeitete dann mit großem

Erfolg weiter, die beiden Filme *Die rechte und die linke Hand des Teufels* sowie *Vier Fäuste für ein Halleluja* sind unvergesslich. Vier Generationen lang eroberten sie mit jedem Film die Sympathie des Kinopublikums. Das Geheimnis war eine saubere Filmarbeit, für Erwachsene wie Kinder geeignet, einfach zu verstehen, das Gute auf der einen, das Böse verspottet auf der anderen Seite.

So unterschiedlich sie auf der Leinwand waren, so waren sie es auch im wahren Leben. Papa war ein Genießer, etwas chaotisch und ein mit unaufhaltsamem Erfindergeist und großer Fantasie ausgestatteter Mensch; Terence war viel verantwortungsbewusster und ordentlicher, er besaß immer eine große Entschlossenheit und eine bemerkenswerte Willenskraft, Eigenschaften, die von seinem schüchternen Auftreten verborgen wurden.

Sogar am Tisch hatten sie unterschiedliche Gewohnheiten und Geschmäcker, Papa aß riesige Berge an Fleisch, Terence war Vegetarier und viel moderater. Der eine liebte das Meer, der andere die Berge, der eine liebte Flugzeuge und Hubschrauber, der andere Motorräder und Fahrräder. Ihre Freundschaft war echt, und wie Papa uns immer gerne als gutes Beispiel erzählte, haben sie sich nie gestritten.

Trotz der vielen Unterschiede harmonierten Vater und Terence von Anfang an, zusammen fühlten sie sich wohl. Sie waren wie zwei Kinder, die miteinander spielten, sie hatten viel Spaß. Am Set herrschte eine spielerische Atmosphäre, es war fast wie ein Comic, der Realität wurde. Terence sagte oft, dass jedes Mal, wenn sie vor die Kamera traten, eine magische Chemie zwischen ihnen entstand. Ohne dass sie es merkten, geschah etwas, das ihren Figuren geballte Freude und spontane Energie verpasste. Die Faustschläge waren koordiniert und präzise, Terence war der Meister der Waffen und ein Spezialist für absolute Synchronität. Er war wie ein Choreograf, der einen Tanz inszenierte, und am Ende sah es immer aus wie harmonische Leichtigkeit. Es passierte auch mal, wenn auch sehr selten, dass jemand stolperte und dann der ganze Ablauf der perfekten Verzahnung von Sprüngen und Schlägen aus den Fugen geriet und einige der Stuntmen einen echten Schlag abbekamen. Daraufhin brach die ganze Crew am Set in schallendes Gelächter aus … und dann, »Klappe, die Zweite!«, wurde die Szene noch mal gedreht.

Die Bedingungen, unter denen sie am Set arbeiteten, sind mit denen von heute überhaupt nicht vergleichbar. Nur um mal ein Beispiel zu nennen: In den ersten Filmen hatten sie nicht einmal einen Trailer am Set, um sich zwischen den Szenen auszuruhen, sondern nur einen kleinen Transporter, in dem sie die Rückbänke entfernt und Matratzen hineingelegt hatten, auf denen Papa und Mario (Terence) ein Nickerchen machen konnten, bis jemand aus der Produktion sie aus dem Schlaf riss und sagte, sie bräuchten die Matratzen für die Stuntmen, damit diese sich vor Stürzen schützen konnten.

Wenn ich an diese Momente zurückdenke, an die Entstehung des italienischen Kinos in jenen Jahren, denke ich, dass der große Wert darin bestand, dass sie mit einem geringen Budget sehr erfolgreiche Filme machten. Ich bin immer noch davon überzeugt, dass es nur eine Art gibt, erfolgreich zu sein: nämlich im Leben das zu tun, was man will. Papa und Terence hatten als Schauspieler keinen anderen Wunsch, als dem Publikum ein Lächeln auf die Lippen zu zaubern.

Ermanno Olmis schöner Brief, den er aus Anlass der Verleihung des prestigeträchtigen David-di-Donatello-Preises 2010 an meinen Vater und an Terence für ihr Lebenswerk verfasst hat, zeugt davon. Neben der wichtigen Würdigung des italienischen Kinos waren es diese denkwürdigen Worte, die Papa und Terence tief beeindruckt haben:

Lieber Bud Spencer,
lieber Terence Hill,

ich hatte schon seit einiger Zeit vor, Ihnen einen Entschuldigungsbrief zu schreiben. Vor vielen Jahren, als ich noch ein junger Mann war, war ich davon überzeugt, dass wahres Kino dasjenige sein muss, das mit Sternen und Preisen ausgezeichnet wird, also dass man zwischen »Qualitätskino«, einer albernen Definition, und dem anderen sogenannten »Konsumkino« unterscheiden muss.

Heute denke ich, dass es dumm und vermessen von mir war. Jetzt, in dem Alter, in dem man sich am Rande des gesunden Menschenverstands ausruhen kann, kam mir die Erleuchtung, dass die Welt nicht nur durch Kultur oder Schönheit gerettet wird – was beides natürlich auch sehr angenehm ist –, sondern dass wir dem Niedergang der Zivilisation tatsächlich entkommen könnten, wenn wir wissen, wie man den Menschen Freude macht.

*Freude als Teil des Gefühls des Friedens und der Zufrieden-
heit, denn ein schönes, feines und ehrliches Lachen ist auch
ein Kunstwerk für sich und außerdem gut für den Geist, die
Kultur und sogar die Gesundheit.*

*Ich freue mich, dass der David-di-Donatello-Preis 2010
für das Lebenswerk an Bud Spencer und Terence Hill verliehen wurde, zwei großartige Schauspieler und sympathische
Herren, unvergessliche Helden vieler fantastischer Abenteuer,
mit spielerischer Ironie und gesundem Spaß. Sie werden für
immer unsere Zuneigung haben und Teil der Geschichte des
Qualitätskinos ohne Sternchen bleiben.*

Ermanno Olmi

*

Ein weiteres Zeugnis der Freude, mit der Terence und Papa
zusammengearbeitet haben, findet sich in einer Ausstellung
über Papa, die wir in naher Zukunft in Neapel eröffnen
werden. Ich hatte Terence eine Nachricht geschickt und ihn
gebeten, sich in einem Beitrag zum Ausstellungskatalog an
Papa zu erinnern. Terence war gerade auf dem Rückweg aus
Deutschland, aber er antwortete schnell und schickte mir
nach kurzer Zeit diese Zeilen:

AM SET MIT BUD SPENCER

Miami, Florida

Buds kraftvolle Stimme: »Idaaa!« Sie ist Schneiderin und Buds Köchin am Set, sie rennt schnell zu ihm. Er gibt ihr eine Karte. Sie liest: »Spaghetti mit Tomatensauce, wie immer.« Bud: »Ja, aber doppelte Portion.« Terence: »Wie immer.«

Die Arbeit am Set ist unterbrochen, es ist das tägliche Ritual. Die großartige Crew nimmt die Arbeit wieder auf, auch Bud und ich. Wir sind gut gelaunt, weil wir alle sicher sind, dass um ein Uhr eine Pause eingelegt wird. Bud geht hier wirklich keine Kompromisse ein. Um 12:55 Uhr geht er zu seinem Trailer, ich folge ein paar Schritte hinter ihm. Wir sitzen am kleinen Tisch im Wohnwagen. Es herrscht Ruhe, wir warten.

Ich bin eigentlich kein Mann der vielen Worte, aber Bud will auch gar nicht reden, wenn er auf die Spaghetti wartet. Wir schauen auf die Uhr ... es sind noch zwei sehr lange Minuten zu überstehen, aber um 13:00 Uhr öffnet sich die Tür, man sieht zuerst eine dampfende Schale voller Spaghetti, dann stellt Ida die Schüssel zusammen mit dem Parmesankäse auf den Tisch.

Bud: »Ist es Reggiano?« Ida: »Das weiß ich nicht.« Ich ärgere ihn: »Es wird Padano sein.« Bud wird sofort wütend. Ida, unsicher, sagt: »Nein, nein, nein, nein, ich bin sicher, es ist Reggiano.« Mit einem Seufzer zieht Bud die Schale zu sich und tut sich auf ... der Teller ist randvoll. Dann bin ich dran. Kein Wein, nur Wasser! (Bud trank keinen Wein oder anderen Alkohol).

Im Trailer gibt es eine kleine Schlafgelegenheit. Mit vollen Bäuchen legen wir uns nebeneinander und schlafen friedlich, bis jemand an die Tür klopft und ruft: »Die Mittagspause ist vorbei!«

Jedes Mal, wenn wir uns am Set trafen, um einen neuen Film zu drehen, sagte Bud immer: »Es ist, als würde man nach den Ferien wieder zur Schule gehen.« Ich denke, mit diesen Worten meinte er auch: »Und meinen besten Freund wiederzusehen.«

*

Papa und Terence lernten sich in der Tibernas-Wüste in der Provinz Almería in Spanien am Set ihres ersten gemeinsamen Films *Gott vergibt… Django nie!* kennen. Es war fast wie ein Zeichen des Schicksals, dass Terence in dem Augenblick, als mein Bruder ihn 2016 anrief, um ihm zu sagen, dass Papa nicht mehr bei uns war, sich in der Tibernas-Wüste aufhielt – dem Ort ihrer ersten Begegnung. Terence sagte am Telefon, dass nichts im Leben zufällig passiert und dass das Leben vergänglich sei. Er war überzeugt, dass Bud das wusste und deshalb immer mit Freude gelebt hatte.

10

Am Set

Ich habe den Großteil meines Lebens am Set von Papas Filmen verbracht. Jedes Set ist wie eine große Familie, es herrscht eine besondere Atmosphäre, und man kann viele schöne, aber auch nicht so schöne Dinge erleben.

Papa hat immer viel über seine Arbeit gesprochen, und er hat immer gesagt: »Das Set kann mit einem Stück von Dante verglichen werden, wo sich verschiedene Themen wie in einem Mikrokosmos überschneiden. Alle Menschen, die man in seinem Leben treffen kann, erscheinen dort in konzentrierter Form: der Chef, die Unhöflichen, die Nichtstuer, die Arroganten, die Intellektuellen, die Bezaubernden, die Latin Lover, die guten Freunde und der Idiot. Man muss schnell lernen, mit all diesen Leuten klarzukommen.«

Als ich mit ihm am Set war, brachte er mir gleich die wichtigsten Dinge bei. »Erste Regel: Man muss einen Ort finden, wo man sich aufhalten kann, ohne andere zu stören, sonst könnte man alle Leute gegen sich aufbringen. Denke daran, dass du am Set unsichtbar sein musst. Auf jeden Fall musst du spontan und konzentriert sein, denn plötzliche Veränderungen können jederzeit auftreten. Das Set ist ein reines Chaos, man muss lernen, wie man sich am besten hindurchnavigiert. Vor, während und nach Dreh einer Einstellung musst du still sein, sonst werden sich alle Augen auf dich richten ... und das ist nicht angenehm. Wenn du auf die Toilette willst, musst du auf den richtigen Moment warten, und denk daran, nie zu rennen. Oder warte besser bis zum Ende der Szene.«

Als Kind hatte ich also gelernt, mich wie eine Katze am Set zu bewegen. Zunächst wurde mir ein Platz gezeigt, von dem ich mich nicht wegbewegen sollte, aber sehr bald lernte ich, wo ich mich hinstellen konnte, um so nah wie möglich an der Szene dran zu sein, die Papa gerade drehte. Glücklicherweise war die Crew meines Vaters immer die gleiche und wie eine Familie für mich geworden. Papa umgab sich am liebsten mit den Menschen, denen er vertraute. Ich hatte die Freundschaft und Zuneigung vieler gewonnen, und sie taten alle so, als würden sie mich nicht bemerken. Terence sah mir amüsiert zu. Ab und zu fand Papa mich unter der Kamera hockend und warf mir einen tadelnden Blick zu, aber er wusste, dass es sinnlos war, mich fernzuhalten, ich wollte alles verfolgen, was er tat.

*

Ein Filmset ist der magischste Ort der Welt. Am Set von *Zwei wie Pech und Schwefel* 1973 in Madrid stand meinem Bruder und mir ein ganzer Vergnügungspark zur Verfügung. Ich erinnere mich, dass wir eine Woche lang Tag und Nacht alle Attraktionen des Parks ausprobiert haben, aber unser Lieblingsspaß war es, von einer Balustrade in das Ballonbad zu springen. Papa nahm uns an die Hand, und wir warfen uns auf die bunten Ballons, wie in der berühmten Filmszene.

Das Set hat mich schon immer fasziniert und ich habe unvergessliche Erinnerungen daran. Nach einem Drehtag übernachteten wir oft in schönen und sehr luxuriösen Hotels, und Papa nahm uns mit, um den jeweiligen Ort zu erkunden und uns zu erzählen, wie seine Arbeit verlaufen war. Als *Plattfuß räumt auf* in Hongkong gedreht wurde, wohnten wir etwa zwei Monate lang in China und besuchten einige unglaubliche Orte. Ich war etwa 13 und mein Bruder Giuseppe 15, Diamante blieb bei meiner Großmutter in Rom, weil sie noch zu jung war.

Das hektische Leben, die Wolkenkratzer und die tausend Nachtlichter standen im krassen Gegensatz zu den alten Traditionen, wie dem »Sampan«, dem langen Boot, das mit einer Abdeckung ausgestattet war, mit dem die Chinesen fischten oder Waren transportierten. Eines Tages fuhren Papa und wir mit einer Seilbahn, die eine Neigung von etwa 45 Grad hatte. Auf dem Berg angekommen, hatten wir eine tolle Sicht auf diese schöne, geschichtsträchtige Stadt.

Von der Halbinsel Kowloon aus nahmen wir ein Boot und besuchten einige kleine Inseln des Archipels, wo wir einigen obdachlosen Kindern begegneten, die in Lumpen gekleidet waren und durch die schlammigen Straßen des Dorfes zogen. Jedes Kind trug auf der Schulter einen Holzstock, an den ein Tuch zum Beutel gebunden war, und in dem Tuch befand sich ein kleiner Hund. Man sah den Kindern ihre Armut an, aber sie wirkten auch sehr gelassen und unschuldig, wie sie uns anlächelten und mit Neugier und Interesse betrachteten. Für mich war es ein besonderes Zusammentreffen, das mir zeigte, wie die Welt war und wie viele verschiedene Kinder es auf der Erde gibt. Ich erinnere mich, dass Papa lächelnd zu ihnen ging und anfing, mit ihnen und ihren Hunden zu spielen, und er forderte uns auf, dasselbe zu tun. Trotz seiner Größe und trotz des Vollbarts, der ihn noch imposanter machte, hatten sie keine Angst vor ihm, im Gegenteil, sie wurden von ihm angezogen. Als es Zeit war zu gehen, waren die Kinder traurig, also schlug Papa vor, dass wir ihnen unsere Süßigkeiten überlassen, um den Abschied erträglicher zu machen.

Während der Dreharbeiten zu *Plattfuß räumt auf* wurde eine Kampfszene auf dem Meer mit chinesischen Stuntmen gedreht. Da bemerkte mein Vater, dass einige von ihnen zu ertrinken drohten, weil die Kleidung, die sie für diese Szene trugen, im Wasser zu schwer geworden war und sie in ihrer Bewegungsmöglichkeit stark einschränkte. Papa verschwendete keine Zeit, stürzte sich sofort ins Wasser und brachte sie nacheinander zurück an Land. Das war eine herausfordernde und riskante Aufgabe, aber Papa bewegte sich mit so viel Leichtigkeit durchs Wasser, als ob das Meer seine natürliche Umgebung wäre.

Bei den Dreharbeiten zu *Vier für ein Ave Maria*, einem seiner ersten Filme, kam es zu einem sehr lustigen Vorfall. Papa hatte den ganzen Tag hart gearbeitet, und in den meisten Szenen hatte er auf einem Pferd gesessen, das »El Cordobés« hieß. Die ganze Zeit während des Drehs hatte das Tier versucht, ihn abzuwerfen, aber Papa hatte sich fest an den Sattel geklammert und sich auf dem Pferd gehalten. Ich erinnere mich, dass er dem Regisseur und Terence sein Leid klagte, dass das Pferd nicht mit ihm arbeiten wollte, er sagte, es sei sauer auf ihn, weil es ständig versuchte, ihn loszuwerden. Niemand glaubte ihm, und alle begannen, sich über ihn lustig zu machen, amüsiert über sein etwas kindisches und launisches Verhalten.

Am nächsten Tag mussten sie eine wichtige Szene mit dem Pferd drehen. Damals hatte Papa noch nicht die Fähigkeiten als Reiter, die er mit der Zeit erlangen sollte. Nun sollte der Dreh also beginnen, der Regisseur schlug die Klappe, und als Papa mit dem Fuß in den Steigbügel stieg, drehte El Cordobés seinen Kopf zu ihm, sah ihm in die Augen und warf sich auf den Boden. Alle Bemühungen, ihn aufzurichten, waren sinnlos. Dieses Pferd erlaubte es meinem Vater einfach nicht, auf seinen Rücken zu steigen. Als allen klar war, dass es keine Chance gab, das Pferd zu überzeugen, wurde El Cordobés ersetzt. Dad erzählte oft diese Geschichte von dem Pferd, das nicht mit ihm arbeiten wollte, und er erzählte sie so, als ob es von Anfang an ein tiefes Verständnis zwischen ihnen gegeben habe.

Während wir Kinder uns am Set immens amüsierten, langweilte sich meine Mutter meist und zog es vor, wandern zu gehen und die Umgebung zu erkunden sowie Dinge zu kaufen, die für die jeweilige Gegend typisch waren. Dabei gab es für sie keine Grenzen in Bezug auf Größe und Gewicht. Immer wenn wir abreisten, waren wir beladen wie die Packesel, was meinen Vater, der gerne mit leichtem Gepäck und nur einem Koffer reiste, immer irritierte. Bei jeder Abfahrt gab es die gleiche Diskussion: »Maria, ich glaube nicht, dass du immer so viel Zeug mitschleppen musst, ich komme mir vor wie ein Vertriebener!«

Wenn ich an die vielen Emotionen am Set zurückdenke, muss ich noch eine Sache erwähnen, die ich immer beeindruckend fand und die meine Fantasie anregte: die Bauten, die für jeden Film geschaffen wurden. Ich war verzaubert, wie schön die Sets waren, ich konnte nicht verstehen, dass man die Umgebung, die man für einen Film brauchte, perfekt nachbilden konnte. Damals schon erkannte ich, dass es eine großartige Teamleistung war. Zuerst werden Skizzen angefertigt, in engem Kontakt mit dem Regisseur und dem Kameramann, und am Ende ist es der Bühnenbildner, der die großen Wände am Set zum Leben erweckt. Die Drehbücher müssen die Umgebung so gut beschreiben, wie man sie aus dem realen Leben kennt, denn alles muss echt wirken. Zwischen den Setwänden formt der Regisseur dann die Geschichte, und der Schauspieler kann in seine Figur eintauchen. Am Ende wird dessen Authentizität den Betrachter überzeugen. Für uns Kinder war es wie ein Tagtraum, aber heute, wenn ich als Erwachsene daran zurückdenke, erkenne ich, dass das Set auch für Erwachsene der Ort ist, an dem man sich ein Stück Kindheit bewahren kann. Vielleicht war es für meinen Vater deshalb die perfekte Umgebung, er, der nie eine Schauspielschule besucht hatte und sich trotzdem am Set sehr wohlfühlte.

Das einzige Mal, dass ich mit meinem Vater in Streit geriet, war ein paar Jahre später während der Dreharbeiten zum Film *Plattfuß am Nil*. Damals hatte ich den Wunsch geäußert, nach Rom zurückzufliegen, um meinen 18. Geburtstag zu feiern. Für ihn kam es aber nicht infrage, mich allein zurückreisen zu lassen, während der Rest der Familie in Ägypten blieb. Ich erinnere mich, dass ich wütend war; die Vorstellung, meinen Geburtstag ohne meine Freunde zu feiern, betrübte mich zutiefst. Im Hotel schlug ich die Tür hinter mir zu und schloss mich für mehrere Tage im Zimmer ein, vergeblich versuchte meine kleine Schwester Diamante, mich in jeder Hinsicht zu trösten.

An meinem Geburtstag rief Papa mich an und sagte, dass es ihm leidtäte, dass er mir den Gefallen nicht tun könne, aber dass er eine Überraschung für mich vorbereitet habe. Er hasste es, mit mir im Streit zu sein, aber seine Bekundungen linderten meine Traurigkeit nicht. Je mehr Stunden vergingen, desto trauriger wurde ich. Am späten Nachmittag rief er mich erneut an und sagte, dass er unten vorm Hotel im Auto auf mich warten würde. Dort angekommen, sah ich Diamante vorm Auto stehen, die mir die Augen verband und amüsiert dabei kicherte.

Als wir an unserem Ziel ankamen, ließ er mich aus dem Auto steigen und führte mich ein Stück, bis er mich von dem Verband befreite und rief: »Los mit den Pferden!« Was meine Augen sahen, war unglaublich – er hatte ein riesiges Berberzelt in der Wüste aufbauen lassen, Dutzende von Reitern auf Pferden und Kamelen galoppierten mit Fackeln in der Hand, alles in orientalischen Kostümen, der Sand wirbelte unter den Hufen und schuf eine fantastische Atmosphäre. Ich war in ein Märchen aus Tausendundeiner Nacht katapultiert worden. Wir betraten das Zelt, dessen Boden mit Teppichen in allen Farben bedeckt war. Die Musiker begannen zu spielen, die Tänzer bewegten sich zur Musik und ein starker Duft von Weihrauch ließ mich meine

Traurigkeit gänzlich vergessen. Die ganze Crew stand dort und applaudierte. Dann begannen Akrobaten, Feuerspucker und Gaukler um uns herum, ihr Können zu zeigen, und sorgten sofort für eine ungeheure Freude. Es war der schönste Geburtstag meines Lebens, und nur mein Vater war in der Lage, solche Gefühle auszulösen.

11

Diät

Papa konnte Hunger nicht ertragen. Wenn er hungrig war, musste er sofort etwas essen, und niemand konnte ihn davon abhalten. Natürlich waren Diäten für ihn ein Albtraum!

Eine Zeit lang war die aus den Vereinigten Staaten stammende »Scarsdale«-Diät sehr beliebt, die in Phasen unterteilt ist, in denen bestimmte Lebensmittel erlaubt, andere hingegen verboten sind. Das heißt, nach Belieben konnte man an bestimmten Tagen Obst, an anderen nur Fleisch, dann wieder nur Fisch und so weiter essen. Papa interpretierte das »nach Belieben« auf seine Weise, sodass er sechs Orangen, fünf Äpfel, vier Bananen und einen Berg von Beeren aß. Extreme Ausmaße nahm es an, wenn es um Fleisch ging: Wenn Mama zehn Burger auf den Tisch stellte, die für die ganze Familie gedacht waren, nahm er den Teller in Besitz. Während meine Mutter versuchte, ihn zurückzuhalten, widersprach er: »Aber lies doch, es heißt ›Fleisch nach Belieben‹, ich befolge die Diät genauestens. Vielleicht kannst du noch ein paar Burger für die Kinder braten?«

Kurz gesagt, er war unersättlich, genau wie in seinen Filmen. Alle Reden und Versuche, ihn zur Vernunft zu bringen, waren nutzlos, er wiederholte immer wieder, dass es »nach Belieben« hieß, Obst nach Belieben, Fleisch nach Belieben – der Arzt, der diese Diät erfand, hatte nicht mit einem Willen wie bei meinem Vater gerechnet, und so trug die Diät dazu bei, dass er dicker und nicht dünner wurde!

Wir Kinder aber hatten immer viel Spaß, ihm beim Essen zuzusehen, so wie die Leute, die ihm auf der Kinoleinwand zusahen. Sein Gesichtsausdruck dabei war immer sehr zufrieden und fröhlich. Aber als sein Arzt und seine Produzenten auf der Notwendigkeit der Gewichtsabnahme bestanden, war es schwierig, eine Lösung zu finden.

Eines Nachmittags schlug ein Freund, der sich mit Diäten auskannte, vor, dass Papa sich von einem deutschen Arzt begleiten lassen solle, der eine Diät entwickelt hatte, die einen Gewichtsverlust von vier bis fünf Kilo in einer Woche garantierte. Es war in den 80er-Jahren, und da Papa sowieso nach Deutschland reisen musste, um einen Film zu promoten, schien das eine gute Gelegenheit zu sein. Der Freund schaffte es, Papas Vorbehalte abzubauen, und überzeugte ihn, den Vorschlag anzunehmen. Er bot sogar an, mit Papa zusammen in dem schönen und teuren Klinikhotel zu wohnen.

Kurz nach ihrer Ankunft in Deutschland wurden bei Papa alle üblichen Untersuchungen gemacht: Blut, Urin, Krankengeschichte und so weiter. Da sie am Nachmittag angekommen waren und sich zwischendurch einen Snack gegönnt hatten, kam mein Vater ohne großen Hunger zum Abendessen in den Speisesaal, der üppig und prunkvoll ausgestattet war, vielleicht um den erwarteten Mangel an Essen zu überspielen. Die Kellner kamen mit großen Tellern an, aber Papa witterte bereits den Betrug: Auf dem Teller war nur ein trockenes Stück Fleisch von der Größe einer

Sardelle. Papa ließ es auf dem Teller zurück, entschuldigte sich kurz bei seinem Freund und ging ins Erdgeschoss. Dort gab es ein großes Fenster mit Blick auf den Garten, und es war ein Leichtes für ihn, hinauszuklettern. Er wusste bereits, wohin er gehen musste. Auf dem Weg zum Hotel hatte er ein kleines Restaurant gesehen. Binnen weniger Minuten kam er dort an und bestellte beim Gastwirt das Beste aus dessen Küche. Als ihm die Rechnung vorgelegt wurde, war der Betrag exorbitant hoch, aber Papa war glücklich, weil die Rechnung auch der Qualität der Speisen entsprach. Denjenigen, die mit Erstaunen auf seine Geschichte reagierten, sagte er immer, dass er stolz darauf sei, all das Geld für Essen ausgegeben zu haben, angesichts aller Diäten der Welt!

Sicher ist, dass Papa nie ernsthaft eine Diät gemacht hat! Oder besser gesagt, er versuchte es viele Male, aber das Unwohlsein und eine tiefe Nervosität nahmen ihn in Besitz, bevor er überhaupt angefangen hatte. Wir Kinder kannten ihn gut und wussten, wie man diese schwierigen Momente erkennt, denn sobald er eine Diät begann und nervös wurde, halfen wir ihm aus seiner Misere. Dann flüsterten wir uns zu: »Gib ihm ein Sandwich!«

Tatsächlich hat er zweimal versucht, sich auf Diät zu setzen. 1993 eröffnete der Buchhalter der Familie ein wunderbares und gut organisiertes Spa in der umbrischen Landschaft in Melezzole und lud Papa und Mama dorthin ein, die mit Freude annahmen. Am ersten Morgen bekamen sie verschiedene Massagen und trafen sich mit Ernährungsspezialisten zum Gespräch. Dann gingen sie zusammen mit allen anderen Gästen in den Speisesaal. Alles war sehr raffiniert dekoriert, es gab feine Tischdecken und feines Geschirr, und Kellner in weißen Handschuhen servierten jedem Gast ein Gericht, geschützt durch den üblichen Silberdeckel. Papa saß ruhig auf seinem Platz und wartete darauf, bedient zu werden. Schließlich bekam er ein einsames, mickriges Hühnerbein serviert, meine Mutter hingegen hatte Hähnchenflügel. Großzügig wie sie war, stimmte sie einem Tellertausch zu, aber für Papa war es nicht genug. Nervös nahm er die Speisekarte, um zu sehen, was der Koch noch so zu bieten hatte, und erleichtert entdeckte er, dass der nächste Gang »Orangener Hummer« war. Gut, dachte er, ich weiß, dass Fisch zwar fettarm ist, aber Hummer ist immer noch ein köstliches Gericht.

Als er die silberne Haube vom zweiten servierten Teller hob, präsentierte sich vor ihm eine Scheibe Orange, mit in die Orangenschale geschnitzten Beinen und einem schönen Schwanz, was in der verrückten Vorstellung des Kochs offenbar einen Hummer darstellen sollte. Das war also ein »orangener Hummer«!

Papa stand langsam, aber entschlossen auf und verließ ohne etwas zu sagen den Tisch. Dann ließ er sich von einem Fahrer in das beste Restaurant in der Gegend bringen, wo er sich mit üppigen Nudelgerichten und Bohnen belohnte, obwohl er auf Diät war! Als er ein paar Tage später nach Hause zurückkehrte, wog er offensichtlich ein paar Pfund mehr, aber seine Moral war ausgesprochen hoch.

Als ich erwachsen war, bat ich ihn, mich mit dem Flugzeug nach Bordighera zu bringen. Ich hatte beschlossen, mich eine Woche lang im dortigen Messegué-Heilzentrum behandeln zu lassen (einem schönen Zentrum, wo ich sehr schlank geworden bin). Dort angekommen, war er definitiv besorgt um mich: »Bist du sicher, dass du nicht mit mir zurückfliegen willst? Ich gehe jetzt, ich fühle mich hier nicht wohl. Ich habe Angst, dass sie die Türen schließen, ich komme mir eingesperrt vor wie in Berlin vor dem Mauerfall.«

Tatsächlich ist die Nahrungssuche ein Element, das sich in seinen Filmen seit *Gott vergibt… Django nie!* regelmäßig wiederholt hat. Fast so, als wäre es ein Element von essentieller Bedeutung, spielt das Essen in jedem seiner Filme eine entscheidende Rolle. Manchmal spiegelte das Essen auch eine Art Belohnung wider, zum Beispiel wenn es ihm gelungen war, aus einer Hütte, wo nur Bohnen gegessen wurden, in ein echtes Restaurant zu kommen, so als wäre es das letzte Abendmahl.

Es ist, als hätte Papa etwas von seinem täglichen Leben mit zum Set gebracht, vielleicht war es für ihn aber auch einfach nur eine Möglichkeit, seinen Hunger im Allgemeinen zu stillen.

12

Wasser

1933 sollte mein damals vierjähriger Vater in Seiano, einem kleinen Badeort bei Neapel, von Ninuccio Savarese, einem Freund der Familie, die Grundlagen des Schwimmens beigebracht bekommen. Dabei band Ninuccio ihn an ein Seil und warf ihn einfach ins Meer. Es war eine ziemlich grobe Methode, einem Kind Schwimmen beizubringen, aber offensichtlich hielt man diese Methode damals für effektiv, als ob man sagen wollte: Wenn du nicht untergehen willst, musst du schwimmen. Papa jedoch war offenbar überhaupt nicht traumatisiert von diesem plötzlichen Wurf ins Wasser, er hatte weder vorm Seil noch vorm Meer Angst, generell nicht vor den Schwierigkeiten des Lebens, und so begann er, wie ein Hund zu paddeln, und lachte dabei. Dieser Moment enthüllte, was Buds natürliches Element war. Schon bald folgte eine schillernde Karriere als Schwimmer und Wasserballer, Erfahrungen, die später auch am Set wertvoll waren, wo er dank seiner außergewöhnlichen Schwimmfähigkeit viele Szenen im Wasser drehte, Flüsse durchquerte oder das Meer herausforderte.

Papa hatte schon immer den unersättlichen Wunsch, im Wasser zu sein, fast so unersättlich wie sein Hunger, aber in den 80er-Jahren hatte er einen Traum, der ihn nicht mehr losließ: Er wollte einen Schlepper kaufen, eines der Boote, die dazu dienen, Schiffen in Schwierigkeiten zu helfen, und die selbst dem rauen Meer die Stirn bieten können. Mit dem Schlepper wollte er in völliger Freiheit und Sicherheit auf dem Meer leben, es sollte wie ein Haus oder eine Plattform auf dem Wasser für ihn und seine Familie sein. Gleichzeitig hätte er die Möglichkeit, bedürftigen Booten zu helfen. Dieser Wunsch hielt sich so hartnäckig, dass er anfing, sich mit Lösungen zu befassen, wie man einen Schlepper umbauen und wohnfähig machen konnte. Von einem Modellbauer ließ er einen maßstabsgetreuen Schlepper mit den von ihm gewünschten Änderungen bauen.

Dort, wo unsere Strandvilla war, hatten wir schon ein schönes Motorboot, ein 25 Meter langes Shuttle aus Holz mit holländischem »De Vries«-Rumpf und Rolls-Royce-Motoren, es hieß *Papaya* und lag in Porto Santo Stefano. Dennoch war Papas Wunsch nach einem Schlepper so stark, dass er nicht lockerließ, seinen Traum wahr werden zu lassen. So gelang es ihm nach einigen Jahren, in Ancona einen alten, nicht mehr benutzten Schlepper zu finden, ein rostiges Wrack, das aber noch schwimmen konnte und das dank seiner Bauweise und seiner starken Motoren in jedem Meer fahren konnte.

Diese Entdeckung veranlasste Papa, sich für den Verkauf der *Papaya* zu entscheiden, obwohl der Rest der Familie dagegen war, weil wir sie so sehr liebten. Papa ließ so viele Arbeiten und Änderungen an diesem Schlepper durchführen, die das Schiff noch schöner und funktionaler machten als das, was die Ingenieure nach seinen Anweisungen entworfen hatten.

Doch ein solches Boot war nichts ohne die Kunst derjeni-
gen, die darauf fuhren, und Papa schöpfte gänzlich aus dem
Vollen. Die *Sant'Andrea* wurde zu einem richtigen Schiff, sie
hatte eine starke Besatzung, einen Kommandanten, einen
Matrosen und einen Chefmaschinisten, und so wagten wir
uns aufs Meer. Es war ein mächtiges, außergewöhnliches
Schiff, das bei jedem Wetter hinausfahren konnte, sogar
Hurrikans trotzte und jedes beschädigte Schiff abschleppte.
Die *Sant'Andrea* war Papas Traum, sein ganzer Stolz, und
auf ihr haben wir einen Großteil Italiens umrundet, besonders die Äolischen Inseln, Sardinien, die Amalfiküste und
natürlich sehr ausgiebig den Argentario. Die Fahrten fanden
normalerweise nachts statt, und obwohl Papa sich eine Kabine gebaut hatte, die seiner Größe würdig war, liebte er es,
während dieser Fahrten auf der Brücke zu sein, da er sich
mit dem Schiff sehr gut auskannte. Er schaffte es sogar, den
Kommandanten zu verblüffen, weil er sich an den Sternen
orientieren konnte, wie die alten Seeleute.

Besonders stolz war Papa auf den Maschinenraum, der
immer sauber und ölfrei war. Er ließ einen Stromerzeuger
installieren, der, wie er sagte, die gesamte Insel Ponza mit
Strom versorgen könnte, und zwei Entsalzungsanlagen für
Meerwasser.

Mein Vater liebte es, hinauszufahren und immer in Bewegung zu sein, meine Mutter hingegen war weniger glücklich
damit. Sie wünschte sich immer ein paar Stopps mehr. Aber
da der Schlepper sehr tief im Wasser lag, konnten wir nicht
überall anlegen und waren oft gezwungen, auf dem offenen
Meer zu bleiben. Papa hatte die Hydranten nicht vom Schiff

entfernen lassen, jene mächtigen Pumpen, die ursprünglich zum Löschen von Bränden verwendet wurden. Für uns war es immer ein großer Spaß, unseren Freunden, die uns in ihren Schlauchbooten besuchen kamen, Streiche zu spielen und sie nass zu spritzen.

Ich erinnere mich an viele Nächte, als ich ein Kind war, als Papa in einer Bucht vor Anker ging. Er holte das Teleskop aus der Kabine seines Bootes und beobachtete die Sterne. In vollkommener Dunkelheit strahlten die unendlich vielen kleinen Lichter, was uns völlig verzauberte. Dann fragte er uns Kinder, ob wir es für möglich hielten, dass Gott, als er das so große und vollkommene Universum erschuf, nur der Erde Leben geschenkt hatte. Wir hatten keine Antwort darauf, also bat er uns, durch das Teleskop in den Himmel zu schauen, und sprach mit uns über Galaxien, Sterne und Planeten. Einige, sagte er, seien so weit weg, dass sie noch nicht entdeckt worden sind, aber er sei sich ihrer Existenz sicher.

Für uns Kinder war es wie eine Ankündigung, dass er nach etwas Unbekanntem suchte, vielleicht nach einer anderen Zivilisation, einer anderen bewohnten Welt. Daher wollten wir nicht schlafen gehen, wir wollten bleiben und an dieser fantastischen Suche teilnehmen. Aber dann war die Müdigkeit stärker, und unsere Augen fielen gegen unseren Willen immer wieder von selbst zu. Dabei schaute er uns an und beantwortete seine eigene Frage: »Das Universum ist zu groß, um zu denken, dass wir allein sind. Geht jetzt schlafen.« Er kam zu mir und streichelte zärtlich meinen Kopf, bevor er mich küsste, dann flüsterte er mir ins Ohr: »Wenn ich etwas beobachte oder entdecke, rufe ich dich.« Wir liefen in unsere Kabinen und stellten uns die unglaublichsten Dinge vor, die im Universum sein könnten. Aber ich hatte mein kleines Geheimnis – Papa hätte mich gerufen, ich war mir sicher, also konnte ich ruhig einschlafen.

Wir Geschwister erinnern uns gern an die Geschichte, die er uns erzählte, als wir jünger waren, in einer dieser endlosen Nächte voller Sterne und Träume. Wir waren besonders aufgedreht und beharrlich, denn Papa musste am nächsten Morgen los zur Arbeit, während wir mit Mama auf dem Schiff bleiben sollten, weit weg vom Strand und von Spielmöglichkeiten. Wegen Papas bevorstehender Abreise waren wir also sehr unruhig und wollten an diesem Abend um jeden Preis etwas Besonderes von ihm erfahren. Papa verriet uns ein Geheimnis, das wir mit niemandem teilen sollten. Die Geschichte begann mit den Worten: »Auf einer meiner Reisen – ich kann euch weder den Ort noch die Art und Weise sagen, wie man sich mir näherte, aus Gründen der Sicherheit der Menschen – wurde ich von außerirdischen Wesen kontaktiert, die …« Er konnte den Satz nicht zu Ende bringen, weil wir ihn so sehr mit Fragen bombardierten.

Wir waren alle drei total aufgeregt, Giuseppe und ich hatten jetzt endlich die Antwort, dass es weiteres Leben im Universum gibt, Diamante war so klein, dass sie nicht verstand, worum es ging, aber sie ließ sich von unserer Euphorie anstecken. Papa nahm die Geschichte wieder auf, ein Lächeln erhellte sein Gesicht, dieses Lächeln, das er immer dann zeigte, wenn seine Geschichten Realität und Fantasie in einer schwer zu entwirrenden Mischung verbanden. »Sie waren als Beobachter auf Erden, sie sahen den Menschen wachsen, Dinge erschaffen, aber auch gleichzeitig zerstören. Sie brauchten meine Hilfe und sagten mir, dass ich aufgrund meines Berufes als Schauspieler gut darin war, positive Botschaften zu überbringen. Ich sollte den Außerirdischen über den guten Teil, der jedem von uns innewohnt, berichten. Dafür müssten sie mich an einen geheimen Ort bringen, außerhalb von Raum und Zeit, und das passiert jetzt jedes Mal, bevor ich einen Film drehe.« Deshalb muss er gleich am nächsten Morgen los, um die ihm zugewiesene Aufgabe zu erfüllen, und wir müssten ihm helfen, indem wir uns während seiner Abwesenheit gut benahmen. Diese Geschichte machte seine Abreise für uns weniger schmerzvoll, und so lebten wir jahrelang mit diesem Märchen.

Mein Vater, wie es sich für einen Kommandanten gehört, hat sein Schiff nie verlassen. Der Schlepper fand einen Platz unter den Fischerbooten am Pier von Porto Santo Stefano, es war wie ein Hausboot. Aufgrund seiner zahlreichen beruflichen Verpflichtungen war es ihm nicht möglich, sich zu weit von Europa zu entfernen, da seine Urlaubstage begrenzt waren.

Auf dem Schlepper hatte Papa einen Matrosen, Cesare, der alle Gerichte mit Fisch zubereitete. Mein Vater liebte gutes Essen und lud oft seine Freunde dazu ein und verbrachte Zeit mit ihnen auf dem Deck des Schleppers. Wenn wir als Familie auf dem Schlepper zu Mittag oder zu Abend aßen, gab es ein Ritual, das von einer strengen Regel geprägt war: »Wer vom Tisch aufsteht, wird nichts mehr vorfinden.«

Wenn wir also aus irgendeinem Grund aufstanden und weg-
gingen, verschwand alles im Handumdrehen vom Tisch.
Papa liebte es, uns alle am Tisch zu haben, es war Familien-
zeit, in der man redete, plante und diskutierte. Manchmal
kam es dabei zu Streitereien, auch zwischen uns Kindern.
Mein Papa erzählte dann Witze, um jegliche schlechte Stimmung am Tisch zu vertreiben.

Bei einer dieser Gelegenheiten, nachdem die Harmonie
wiederhergestellt war, stellte Cesare Erdbeeren auf den Tisch
und eine Schüssel mit Schlagsahne. Mein Bruder Giuseppe
nahm die Sahne, um sich davon etwas auf die Erdbeeren
zu tun, aber als er daran roch, rümpfte er die Nase. Er hielt
Papa den Teller hin und fragte ihn, ob auch er den ranzigen
Geruch der Sahne roch. Giuseppe zog so ein enttäuschtes
Gesicht, dass es keinen Zweifel daran geben konnte, dass wir
das Dessert wegschmeißen mussten. Als Papa an der Sahne
roch, drückte mein Bruder ihm den Teller ins Gesicht und
lachte wie ein Verrückter.

Papas Gesicht war komplett mit Sahne bedeckt, sein Bart
war so weiß wie der des Weihnachtsmanns. Giuseppe ver-
stummte, es folgte ein Moment der eisigen Stille, meine
Schwester und ich waren erstarrt, auch meine Mutter war
sprachlos und betrachtete das Ganze mit weit aufgerisse-
nen Augen. Papa lächelte nur verschmitzt, keine Spur von
Verärgerung. Er nahm sich die Sahne mit den Fingern von
den Augen und schüttelte sie ab, und zwar so, wie man es
so oft in den besten Comedy-Filmen gesehen hatte. Dann
nahm er, ohne ein Wort zu sagen, den Krug mit Wasser vom
Tisch und kippte den Inhalt über Giuseppes Kopf, wobei er

laut lachte und Giuseppe sprachlos zurückließ. Das war der Startschuss für eine Essensschlacht, an der sich alle schreiend und lachend beteiligten. Nur meine Mutter enthielt sich der Schlacht und versuchte vergeblich, wieder Ordnung und Anstand an unseren Tisch zu bringen.

In den folgenden Jahren hatte ich mehrfach die Möglichkeit, ohne Familie eine tolle Zeit auf dem Boot zu verbringen. Mein Vater musste arbeiten, meine Mutter folgte ihm, und ich blieb vor Ort und holte viele meiner Freunde zu mir, der Spaß war garantiert.

13

In der Luft

Papas andere große Leidenschaft, neben dem Meer, war das
Fliegen. Er brauchte Platz, und der Himmel war weiter als
das Meer. Es waren die natürlichen Elemente, in denen er
sich wohlfühlte, und die Stille und der Frieden, die er dort
fand, halfen ihm beim Nachdenken und Träumen.

Ich war immer wieder begeistert von seiner Geschichte,
wie er das Fliegen gelernt hatte: »Es war während der Dreharbeiten zum Film *Zwei Himmelhunde auf dem Weg zur
Hölle*. Jeden Tag probten wir unsere zu drehende Szene, wir
waren wochenlang so vorgegangen. Ich war Salud, Terence
war Plata, zwei Piloten, die ihren Lebensunterhalt damit
verdienten, indem sie Waren mit Transportflugzeugen von
einem Teil Südamerikas zum anderen flogen. Immer wieder
saß ich am Steuer, immer wieder habe ich die Triebwerke
angeschmissen, aber dann wurde ich durch einen echten
Piloten ersetzt, der das Flugzeug zum Abheben brachte.

Während der Pausen zwischen den Drehs blieb ich im
Cockpit und fragte den Piloten, was man tun musste, um das
Flugzeug vom Boden zu bekommen. Ich beobachtete jede
seiner Bewegungen, lernte die Abfolge und den Gebrauch
der Instrumente kennen und war verzaubert, fasziniert von
dem Gefährt, das von einem Mann erfunden wurde, der ihn
zum Herrn des Himmels gemacht hatte.

Ich fragte mich, ob ich in der Lage wäre, das Flugzeug selbst zu steuern, schließlich könnte es so schwierig nicht sein, man musste nur die Regeln befolgen und die Ausrüstung überprüfen. Also wartete ich eines Tages nicht auf den Tausch des Piloten, ich saß am Steuer, hatte die Motoren laufen lassen und fing wie von Geisterhand gesteuert mit den Startprozeduren an, die ich bei dem Piloten beobachtet hatte.

Das Flugzeug sauste über die Startbahn und erhob sich plötzlich vom Boden. Das war einer der besten Momente meines Lebens, Adrenalin schoss durch meinen Körper, unglaubliche Emotionen wurden freigesetzt, ich fühlte mich frei und ruhig, als würde ich durch die Wolken schwimmen, im Frieden mit der Welt, nahe bei Gott. Die Kamera hielt weiter auf mich, und so wurde mein Jungfernflug, auf den ich heute noch stolz bin und der auf jeden Fall großer Leichtsinn war, verewigt.

Ich war allein über den Wolken, die Erde lag klein unter mir, aus dieser Perspektive war sie besonders schön. Dieses Gefühl verstärkte nur die Wahrnehmung, wie klein wir sind und wie groß Gott ist. Meine Landung werde ich nie vergessen, es war das Schlimmste, was ich je erlebt habe. Ich hatte die Schwierigkeiten bei der Einschätzung von Entfernungen unterschätzt und hatte nicht wirklich Ahnung von den ganzen Instrumenten im Cockpit.

Das Flugzeug kam unsanft auf der Start- und Landebahn auf und wippte von einer Seite zur anderen, ich muss wie eine Wachtel ausgesehen haben. Zum Glück kam das Flugzeug ohne Schaden zum Stehen. Der Produzent des Filmes hat sicherlich graue Haare bekommen, und Maria war wütend wie eine Furie, aber ich war glücklich.«

*

Auch wenn ich damals kein Kind mehr war, vielleicht war ich gerade 13 Jahre alt, haben Papas Geschichten es immer noch geschafft, mich im wahrsten Sinne des Wortes zu verzaubern und in eine Märchenwelt zu entführen, so als ob seine Träume auch meine wären.

Diese erste Flugerfahrung war für Papa der Beginn einer großen Leidenschaft, die ihn dazu brachte, einen Flugschein zu machen und mehr als 3000 Flugstunden zu absolvieren. Dann machte er auch noch den Flugschein für Hubschrauber, und brachte es auf 1.500 Flugstunden. 1990 gab er den Schlepper weg und kaufte sich ein Flugzeug mit zwei Triebwerken, um, wie er sagte, einen weiteren Traum von ihm verwirklichen zu können: eine Ozeanüberquerung. Ich erinnere mich an seine Rückkehr nach Hause, er wollte uns an seinem Glück teilhaben lassen, er war mit seinem Tausch zufrieden, so wie Kinder, die ein altes Spielzeug gegen ein neues eingetauscht haben.

Er schaffte es immer wieder, uns zu verblüffen, hatte tausend Ideen und setzte viele davon in die Tat um. Meine Mutter war so erstaunt über das, was er tat, dass sie ihn »Marsmensch« nannte, weil nichts von dem, was er sich ausdachte und auch erreichte, menschlich und irdisch war.

Was seine Leidenschaften anging, war Papa immer entschlossen, und seine Träume ließ er oft in Erfüllung gehen.

Die Ozeanüberquerung machte er mit einem Kopiloten und zwei anderen Kommandanten, einer von ihnen war mein Cousin Alexander, der Sohn seiner Schwester Vera. Tragischerweise wurde das Flugzeug, nachdem es ihn seinen Traum hatte verwirklichen lassen, durch einen Hurrikan in Florida völlig zerstört. Da Papa keine Versicherung für solche Katastrophen hatte, erhielt er nicht einmal eine Entschädigung. Aber abgesehen von der anfänglich schlechten Laune lachte und scherzte er schon nach kurzer Zeit über das Geschehene und sagte: »So ist das Leben!«

Die Fliegerei wurde so sehr seine Leidenschaft, dass er 1981 auch die erste private Frachtfluggesellschaft, die Mistral Air, und schließlich die Air Capitol gründete. Damals wollte Papa, dass ich meinen Pilotenschein mache, und in der Tat hat mich die Idee, ein Flugzeug zu fliegen und damit nicht nur seine Leidenschaft, sondern auch seine Emotionen teilen zu können, sehr fasziniert. Leider wurde ich vom inneren Schweinehund überwältigt und ich denke heute mit Bedauern an all die Erfahrungen, die ich dadurch verpasst habe. Papa versuchte vergeblich, seine Leidenschaft an meine Geschwister weiterzugeben, keiner von ihnen folgte ihm. Aber er schaffte es, meine Cousins mit der Leidenschaft fürs Fliegen zu infizieren, als erst Alessandro und dann sein Bruder Nicola einen Pilotenschein machten und Flugzeugkommandanten wurden.

Papa hatte ein anderes Verständnis von Größe als andere, er brauchte immer viel Platz, und so kehrte er irgendwann mal aus den Vereinigten Staaten zurück mit einem riesigen metallenen Wohnwagen, dem berühmten Airstream, der zu lang war, um auf den Straßen Italiens zugelassen zu werden, dafür brauchte er sogar eine Eskorte. Papa hatte das Problem nicht bedacht, und jetzt wusste er nicht, wie er den Airstream benutzen sollte und wohin damit. Nachdem das Fahrzeug im Garten seines Hauses gestanden hatte, wurde es zum Flughafen Urbe gebracht, wo die Flugzeuge seiner Firma parkten, und er machte den Anhänger zu seinem persönlichen Büro. Als ich ihn besuchte, zeigte er mir stolz sein extravagantes Büro und fragte: »Findest du es nicht fantastisch, Cri Cri?« Es war tatsächlich schön, es sah aus, als entstammte es einem Film, und darin wurde man wie von Geisterhand an einen anderen Ort transportiert, was das Ganze etwas surreal machte. Papas Begeisterung war ansteckend, es war unmöglich, seinem Enthusiasmus zu entkommen, er nahm einen damit gefangen, man wurde förmlich davon durchdrungen.

Papa ließ sich auch gern von dem unwiderstehlichen Charme von Autos verzaubern, die er ständig wechselte. Früher hatte er Spaß daran, an Rennen auf der ganzen Welt teilzunehmen. Das lustigste, an dem er seiner Meinung nach je teilgenommen hatte, war das Rennen im Jahr 1958 von Caracas nach Maracaibo, das er auch gewann. Damals arbeitete er bei Alfa Romeo in Caracas. Es war ein echter Wahnsinn, in den er wie immer mit all seiner Begeisterung eintauchte, und er wurde wieder mal belohnt!

14

Die Musik

Musik gehörte auch zu den großen Leidenschaften meines Vaters, sie war wie ein kraftvoller Klebstoff und konnte uns stundenlang in der Freude und im Spaß zusammenhalten. Wenn Papa seine Gitarre in die Hand nahm, verschwand sie förmlich in seinen großen Händen, er strich und zupfte die Saiten schnell, hielt dann inne und trommelte mit einem festlichen Rhythmus auf den Korpus. Er blickte uns voller Begeisterung an, und wir konnten uns dem nicht entziehen. »Spielen wir etwas zusammen?«

Papa war ein sehr musikalischer Mann, der mit Leichtigkeit von einem Instrument zum anderen wechseln konnte, vom Banjo zur Cavaquinho, einer kleinen brasilianischen Gitarre, von den Congas zu den Bongos, die nach dem Dreh eines Films in der Karibik mit den Containern der Produktion zurückgekehrt waren; der Rhythmus vom Tamburin wechselte mit dem der Maracas. Aus Cartagena hatte er eine Reihe von Instrumenten mitgebracht, die mit getrockneten Kürbiskernen hergestellt wurden, einige hatten Kieselsteine im Inneren, andere waren mit einem aus Samen gewebten Netz bedeckt, wieder andere wurden mit einem Holzstab gespielt.

Er gab uns oft die Aufgabe, auf Kokosnüssen zu spielen, und wir waren froh, mit ihm Musik machen und ein kleines

Orchester zu Hause improvisieren zu können. Der Moment, auf den ich mich am meisten freute, war, als Papa sagte: »Wollen wir tanzen, Cri Cri?« Sein großer Körper wurde schwerelos, er bewegte sich leicht, als ob er schwebte, die schnellen Schritte folgten dem Rhythmus der Musik, durch den Tanz konnte er das ihm innewohnende Glück ausdrücken. Ich tanzte gerne mit ihm, und auch als Erwachsene hatte ich Freude am gemeinsamen Tanzen.

Während unserer Autofahrten sangen wir aus vollem Herzen, vor allem die Lieder von Paolo Conte, seinem Lieblings-Singer-Songwriter. Dad war sehr gut im Wechselgesang, und immer wenn ich einen Ton nicht traf oder den Text vergaß, brachen wir wegen unserer schiefen Interpretationen in schallendes Gelächter aus. Heute ist es mir unmöglich, bestimmte Lieder zu hören, ohne an ihn und die Momente zu denken, in denen wir zusammen gesungen oder getanzt haben.

Es ist unmöglich, seine Stimme zu vergessen, so stark, aber gleichzeitig so melodisch und warm. Papa sagte immer, dass Musik das wahre »Esperanto« (die universelle Sprache) sei, weil man sie auf der ganzen Welt liebt und versteht. Sie sei eine besondere Kunst, die es schafft, unzählige Emotionen und Empfindungen zu transportieren. Er sagte, man müsse wissen, wie man die Klänge und Geräusche hören muss, die uns umgeben: ein fallender Tropfen, das Weinen, die Meereswellen, das seien alles Geräusche, die Musik erzeugen, und das könne uns in gewisser Weise erfreuen und trösten, manchmal sogar traurig machen, aber es sei die beste Art zu kommunizieren.

Seine Musikalität und natürliche Kreativität ließen ihn viele Lieder schreiben, einige davon wurden von ihm selbst gesungen und aufgenommen, andere wiederum von Künstlern wie Ornella Vanoni und Nico Fidenco.

Einige Lieder drücken seine Lebensphilosophie aus, wie etwa der Song *Futtetenne*, andere sind echte Liebeslieder, die Papa meiner Mutter widmete. Es gibt einen Song namens *Nuvole*, »Wolken«, den er für mich komponiert hat:

Wenn ich bei dir bin,
gehört die ganze Welt mir,
aber das Glück geht manchmal verloren,
denn ein paar Worte, vielleicht,
testen das Verständnis der Liebe,
das zwischen uns ist ...

Wolken, Wolken,
die am Himmel ziehen
und Momente der Liebe verbergen ...
Wolken, Wolken
jagen sich gegenseitig und zerfallen,
erzeugen helle Schatten
auf unserer Liebe ...

Aber plötzlich leuchten deine schönen Augen
wie Sonnenstrahlen auf,
du bedeckst mich mit Küssen
und flüsterst für mich Worte
von Träumen und Liebe

Wolken, Wolken
sind am Himmel verteilt,
die ganz klar als unsere Liebe
zu uns zurückkehren

15

Die Sache mit den Augen

Papa hatte nur wenige enge Freunde, und diese wenigen waren heilig: Roberta und Silvano waren Freunde aus der Kindheit, und Silvano war damals, so sagte Papa, einer der schönsten Jungen gewesen. Roberta war in der fünften Klasse eine Klassenkameradin meiner Mutter, sie wurde meine geliebte Patin.

Nino, immer nett und lustig, war derjenige, der meine Mutter meinem Vater auf jener berühmten Feier vorgestellt hatte, auf der Gitarre gespielt wurde und Herzen erobert wurden. Außerdem war da noch Paolo, der Freund bei tausend Abenteuern, sowie Mario und seine Frau Marisa, sie voller Leben und Energie, er, der Professor, wie ihn Papa nannte. Er war einer der bedeutendsten Augenärzte, der auf der ganzen Welt geschätzt wurde, aber vor allem von Papa, der oft in seiner unverblümten Art sagte: »Gut, dass es Mario gibt, der sich um meine Augen kümmert, sonst wäre ich am Arsch.«

Papa war fast blind, was an einer starken Kurzsichtigkeit lag, die wahrscheinlich durch die Scheinwerfer am Set und das Chlor der Schwimmbecken verursacht wurde. Das führte zu einer irreperablen Schädigung seiner Hornhaut. Dennoch hatte er es geschafft, seine Fluglizenz zu bekommen, und er ging mit dieser Beeinträchtigung so leicht um, dass wir oft vergaßen, dass er sie hatte. Von diesem Problem wollte er sich nicht einschränken lassen, auch wenn er fast nichts sah; es passierte mehrmals, dass er in einer Menschengruppe stand, und als ich mich ihm näherte, um ihn zu begrüßen, gab er mir seine Hand und sagte: »Guten Abend, Signora.« Dann sagte ich immer: »Papa! Ich bin's, Cri Cri.« Ohne seinen Fehler einzugestehen, lächelte er und antworte: »Das weiß ich doch! Was denkst du, ich bin doch nicht dumm, ich habe dich erkannt. Ich habe nur Spaß gemacht!«

Als ich ihn zur Preisverleihung des »Telegatto« begleitete und wir hinter den Kulissen warteten, bevor wir den Saal betraten, kam Maria Teresa Ruta zu ihm, und als wäre sie ein unbekannter Bewunderer, fragte er: »Hallo, wie ist dein Name?« Ich nahm ihn in den Arm und flüsterte ihm zu, wer es war. Er überspielte die Situation gekonnt, indem er sagte: »Maria Teresa überrascht mich jedes Mal, wenn ich sie treffe«, und dann sprach er mit ihr, als ob nichts geschehen war. Meine Mutter sagte auch, dass, wenn sie Mitleid mit jemandem hatte oder ihr Gesicht traurig oder wütend war, Papa oft nicht so reagierte, wie sie es erwartet hätte. Erst nach einer Weile wurde ihr klar, dass die Reaktionen Papas damit zusammenhingen, dass er ihre Gesichtsausdrücke nicht sah. Wenn Papa in der Stimmung für Komplimente war und sagte: »Maria, du bist so schön«, nahm sie ihn nicht ernst und antwortete lachend: »Das sagst du nur, weil du mich nicht sehen kannst!«

Aber durch seine Sensibilität sah er trotz der Verschlimmerung der Augen besser als wir. Dieses Handicap erlaubte ihm offenbar, die Dinge viel tiefer zu sehen, weil er sie mit dem Herzen betrachtete. Seine anderen Sinne waren extrem gut entwickelt, ebenso wie seine außergewöhnliche Konzentrationsfähigkeit, sodass er, wenn wir beispielsweise in einem Restaurant voller Menschen zu Abend aßen, es oft schaffte, den Gesprächen an jedem Tisch, auch aus der Ferne, zu folgen und die Dialoge im Detail wiederzugeben.

Papa konnte in allen Situationen komisch sein, und angesichts seiner außergewöhnlichen Größe waren es oft die Situationen selbst, die sich in Komik verwandelten. Als er von seinem Freund Mario Stirpe, dem Professor, in die Augenklinik eingewiesen wurde, um eine Operation durchzuführen, damit eine Ablösung der Netzhaut vermieden wurde, begleiteten Mama und ich ihn. Gleich zu Beginn kam es zu einer lustigen Situation, als die arme Krankenschwester, die ihn auf den Operationssaal vorbereiten sollte, kein OP-Hemd in Papas Größe finden konnte. Die Schwester ließ sich davon nicht verunsichern und sagte uns, wir sollten warten, sie habe eine Lösung gefunden.

Kurze Zeit später kam sie zurück, und als Hemd präsentierte sie meinem Vater zwei große Tücher, die sie zusammengenäht und in die sie mit der Schere zwei Löcher für die Arme geschnitten hatte. Papa zog es lachend an und wurde so in den Operationssaal gebracht. Mama und ich mussten uns den Mund zuhalten, um nicht in ein lautes Lachen auszubrechen. Wir machten uns auf den Weg zu einem Raum neben dem Operationssaal, um die Operation von einem Monitor aus zu verfolgen. Aber der lustige Moment war noch nicht vorbei. Ein Assistent des Chirurgen rief plötzlich: »Professor, Herr Pedersoli passt nicht auf die Liege!« – »Dann baue eine Verlängerung dran«, antwortete der Chirurg ironisch. Kurz gesagt, sie fanden schließlich einen Weg, diese peinliche Situation zu lösen. Dann fragte der Chirurg den Anästhesisten: »Hast du das Pentothal schon gespritzt?« – »Ja, fünf Milliliter«, bestätigte der. Daraufhin sagte der Chirurg: »Nun, dann können wir anfangen.« Da donnerte die Stimme meines Vaters so laut und plötzlich durch den Operationssaal, dass sowohl das gesamte Ärzteteam als auch wir hochschreckten: »He, Mario, du willst anfangen, aber ich bin noch wach!«

Das Betäubungsmittel hatte keine Wirkung, der Anästhesist traute seinen Augen kaum. Selbst die Atemmaske passte nicht auf Papas Gesicht, sie war zu klein, und der Bart war sicherlich dabei auch nicht hilfreich. All dies sorgte für ein bisschen Aufregung bei einer eigentlich routinemäßigen Operation. Der Professor fing an, unruhig zu werden, Papa ebenfalls, und der arme Anästhesist geriet immer mehr in Panik. Wir konnten nur ungläubig lachen, als wir sahen, was im Operationssaal geschah. Schließlich hörten wir die grollende Stimme des Professors sagen: »Intubiere ihn, es gibt keine andere Möglichkeit, ihn in irgendeiner Weise zu betäuben.«

Am Ende der Operation kam Professor Stirpe zu uns und teilte uns mit, dass die Operation gut verlaufen sei. Er sagte auch, dass der Anästhesist angemerkt hatte, dass er noch nie in seinem Leben mit einer solchen Situation konfrontiert worden sei. Die Betäubung meines Vaters sei wie der Versuch gewesen, einen Dickhäuter mit menschlichen Betäubungsmitteln zum Schlafen zu bringen. Daraufhin brach sogar der eigentlich eher ernste Professor in ein schallendes Gelächter aus, das sich unserem anschloss.

Ich hätte nie gedacht, mal die gleiche OP wie mein Vater haben zu müssen, im selben Operationssaal, im selben Raum und mit demselben Arzt. Es war vor wenigen Monaten, glücklicherweise mit demselben positiven Ergebnis, wofür ich immer dankbar sein werde. Aber meine Operation war definitiv nicht so komisch wie Papas.

16

Ein Interview mit Bud

Als die Jahre vergingen und Papas Körper schwächer wurde, war er weiser geworden. Er war auch gelassen angesichts widriger Umstände, die anderen Menschen normalerweise Angst machen, denn er war im Einklang mit den für ihn sehr wichtigen moralischen Grundsätzen. Außerdem hatte er ein Leben voller Liebe gelebt, und das war das Wichtigste.

Nachdem er ins Krankenhaus eingeliefert wurde, besuchten wir ihn jeden Tag. Bei diesen Gelegenheiten unterhielten Papa und ich uns viel, vielleicht wie wir es noch nie zuvor getan hatten. Papa erzählte mir von seiner Kindheit und der Zeit des Krieges, es waren schwierige Zeiten, die sicherlich sein Leben geprägt hatten, aber gleichzeitig das Vertrauen in sich selbst gestärkt haben. Das gab ihm die Kraft, sich den Schlachten des Lebens zu stellen und sie zu gewinnen.

Seinen sportlichen Enkeln Carletto und Sebastiano erzählte er von seinen Erfolgen, die der wertvollste Beleg und Beweis für seine Fähigkeiten und sein Können waren. Die beiden hörten ihm mit großer Aufmerksamkeit zu. Durch den Sport hatte er gelernt, dass man gewinnen und verlieren kann, das Wichtigste ist aber, sich selbst treu zu bleiben und zu wissen, dass nach einem großen Sieg wieder jemand kommen kann, der stärker ist als man selbst, und dass man dann wieder von vorne anfangen, wieder kämpfen muss. Dies betrifft alle Bereiche des Lebens und hilft zu verstehen, dass man sich nie für besser als andere halten sollte. Sowohl im Sport als auch im Kino sowie bei all den anderen Dingen, die er in seinem Leben getan hatte, fühlte er sich stets als Amateur. Das Gefühl, ein Amateur zu sein, ist eine wichtige Sache, weil es uns unsere Grenzen bewusst macht, fügte er immer hinzu. Er war glücklich über Carlettos sportliche Leistungen als MMA-Champion (Mixed Martial Art) und Alessandros Erfolge bei der Entwicklung von Hightech-Uhren.

Er sprach auch die Ereignisse an, die ihn veranlasst hatten, 1957 seine Stadt und seine Freunde zu verlassen, um in Caracas zu arbeiten. Er sagte, dass jeder von uns an einem bestimmten Punkt im Leben seine Existenz analysieren müsse, um zu verstehen, wer man eigentlich ist. Dann solle man alles Bekannte zurücklassen, alle Emotionen ausleben und die eigenen Grenzen erkennen. Diese Suche sei wichtig, um das Selbstbewusstsein zu stärken.

Während eines meiner Besuche freute er sich über die Erinnerung an ein lustiges, aber sehr wichtiges Ereignis, das Sebastiano, dem Sohn meiner Schwester Diamante, widerfahren war. Es war zur Zeit der Olympischen Spiele 2008 in Peking, und die ganze Familie war auf dem Land, um den Sommer gemeinsam zu verbringen. Nach dem Essen hatte sich der Rest der Familie in ihre Zimmer zurückgezogen, während mein Vater, ein begeisterter Sportler, um jeden Preis wach bleiben wollte, um die italienischen Athleten bei den Olympischen Spielen zu sehen. Die Wettkämpfe fingen wegen der Zeitverschiebung schon mitten in der Nacht an. Ein einziges Familienmitglied wollte unbedingt mit meinem Vater wach bleiben, es war Sebastiano, der mit seinen zwölf Jahren als Einziger genug Energie hatte, um mit seinem Großvater mithalten zu können. Also blieben sie sehr lange wach, lachten, scherzten und aßen. Als schließlich die ersten Bilder aus Peking gesendet wurden, waren sie zu müde, um weiter wach zu bleiben, und beschlossen, schlafen zu gehen. Sie stiegen gemeinsam die Treppe hinauf, die zu ihren Zimmern führte, und verabschiedeten sich voneinander, mein Neffe mit einem »Gute Nacht, Opa« und Papa mit seinem leichten, aber süßen »Ciao, ciao«.

Papa erinnerte sich, dass Sebastiano so müde war, dass er nicht daran dachte, vor dem Schlafengehen auf die Toilette zu gehen, und so nässte er leider in sein Bett! In jener Nacht hatte Papa mit Sebastiano über sein Leben gesprochen, über seine beiden Erfahrungen bei den Olympischen Spielen als Schwimmer, über all die lustigen Anekdoten dieses Abenteuers, und ich erinnere mich, dass Sepu (wie wir Sebastiano nennen) mir später von dem wunderbaren und unvergesslichen Abend mit seinem Großvater erzählte. »Es war ein magischer Abend für uns beide, und ich zog daraus die Lehre, dass das Wichtigste nicht so sehr das Ziel ist, sondern die Reise, die man unternimmt, um zum Ziel zu gelangen.«

Damals sprach Papa oft mit mir über seine große Liebe zu meiner Mutter, die im Laufe der Jahre größer und reifer geworden war. Obwohl es sich um zwei sehr unterschiedliche

Persönlichkeiten handelte, hatte es immer ein hohes Maß an gegenseitigem Respekt zwischen ihnen gegeben.

Die Figuren, die er in seinen Filmen spielte, konnten schroff wirken, aber Papa war sowohl als Ehemann als auch als Vater extrem zärtlich und liebevoll, Mama war seine »Mariucci«, ich war seine »Cri Cri«, meine kleine Schwester Diamante »Didda« und Giuseppe »Peppotto«.

Es heißt, dass ein starker Mann immer von einer starken Frau begleitet wird, und erst heute merke ich, wie wichtig Mama für ihn war, wie stark und solide sie war. Mama stellte einen Fixpunkt dar, die Säule der Familie, sie wusste Papas Extravaganzen immer mit einem Lächeln zu akzeptieren.

Er sprach oft mit mir über die Liebe zu mir und meinen Geschwistern, und er sagte, dass die Liebe zu Kindern die reinste Liebe ist, die es gibt, weil sie bedingungslos ist und man sich ohne sie verloren fühlt.

Dann, als wir mehr über die Dinge aus dem heutigen Leben sprachen, sagte er mir, dass ich ihm sehr ähnlich sei und wir uns deshalb so gut verstehen. Es ist wahr, ich habe viele Züge seiner Persönlichkeit übernommen, aber leider fehlt mir seine Fähigkeit, Dinge über mich hinweggleiten zu lassen, im Gegenteil, ich bin sehr empfindlich, manchmal auch ein wenig zu empfindlich.

Aus diesem Grund hat Papa mich immer gedrängt, nicht wütend zu werden: »Was nützt es, wütend zu werden, wenn es keine Lösung gibt? … Mach einfach weiter! Es ist sinnlos, sich Gedanken darüber zu machen, was man nicht ändern kann, du brauchst die Energie für das, was du beeinflussen kannst.«

Eines Tages sagte er mir, dass er stolz darauf sei, mich erschaffen zu haben, und ich fühlte eine unendliche Freude und war bewegt. Vielleicht merkte er, dass ich traurig war, also sagte er zu mir: »Ich bin 86 Jahre alt, lass mich gehen. Ich habe mein Leben gelebt, es war lang, und ich war sehr oft glücklich. Die Ereignisse und Erinnerungen sind in meinem Gedächtnis verankert, aber sie sind wie ein Film, an den ich mich nicht mehr so genau erinnere, der nicht mehr zu mir gehört, der mich nicht mehr interessiert. Ich schaue in die Zukunft, die noch immer mein interessantestes Abenteuer sein wird, und wie Facundo Cabral sagt: ›Glücklich zu sein ist die Farbe meiner Identität‹.«

*

Die Tage vergingen, und ich beschloss, ein gefilmtes Interview mit ihm zu machen, teils um ihn zu beschäftigen, teils um sein privates Andenken zu bewahren. Leider blieb dafür keine Zeit, denn kurz darauf verschlechterte sich sein Gesundheitszustand. Allerdings konnte ich ihm einige Fragen stellen, die ich mir vorher aufgeschrieben hatte, und er antwortete mir so:

Guten Morgen, Papa, du hast das ehrwürdige Alter von 86 Jahren erreicht, gibt es etwas, was du gerne getan hättest und nicht getan hast?
Bud: Ja, ich wäre gerne zum Mond geflogen … was den Rest betrifft, so bin ich mit meinem Leben zufrieden, ich habe so viele Dinge getan, dass ich immer noch nicht glauben kann,

wie ich sie alle gemacht habe, und trotzdem habe ich noch so viele Projekte zu erledigen.

Was bereust oder bedauerst du?
Nichts!

Was war die bedeutendste Erfahrung deines Lebens?
Die Ozeanüberquerung in meinem kleinen Flugzeug, der zweimotorigen Cessna. Das Fliegen hat mir schon immer ein großes Gefühl der Freiheit gegeben, und ich liebte es, die Welt mit einem großen Gefühl des inneren Friedens durch die Wolken zu sehen. Außerdem meine Sporterlebnisse.

Wenn du heute einem jungen Mann oder deinem Enkel helfen wolltest, damit dieser seinen Weg findet, welchen Rat würdest du ihm geben?
Ich würde absolut keinen Rat geben; wenn überhaupt, würde ich ihm sagen, dass er immer seinem Herzen und seiner Leidenschaft folgen soll, ohne aufzuhören, er soll die Hindernisse überwinden, die von Zeit zu Zeit auftreten. Das wird ihn auf den richtigen Weg bringen.

Hast du jemals gedacht, dass du es nicht bis zum Ziel schaffst?
Ja, viele Male, aber dann ging ich immer weiter und weiter und weiter und weiter und weiter ... und dann geschahen außergewöhnliche Dinge.

Wenn du den größten Wert deiner Frau in Worte fassen müsstest, was wäre das?

Sie ist ein sehr starker Schutzschild und ein anständiger Mensch.

Und bei mir?
Du bist wie ich, aber du musst noch Erfahrungen sammeln. Aber du bist auf dem richtigen Weg; die Tatsache, dass du eine Frau und Mutter bist, schränkt dich möglicherweise ein wenig ein …

Was ist dein schlimmster Fehler?
Ich bin faul und lebe nach dem Motto »Futtetenne«.

Und deine größte Stärke?
Anstand.

Deine mystischste oder spirituellste Erfahrung?
Davon gab es viele, aber die mich am meisten beeindruckt haben, sind die, als ich die Schamanen in Brasilien und im Amazonasgebiet traf, außergewöhnliche Menschen. Ich habe aber viele unbeschreibliche Situationen erlebt. Zum Beispiel ein Kind, das in dem Moment aus dem Koma erwachte, als es meine Stimme über Kopfhörer hörte.

Wenn du in diesem Moment gut sehen und gehen könntest, was wäre der Traum, den du noch verwirklichen möchtest?
Ich würde einen riesigen Truck kaufen und durch ganz Europa reisen, um mit meinen Songs, die noch recht unbekannt sind, Konzerte zu geben. Außerdem würde ich mir wieder ein Flugzeug kaufen.

Was war am schmerzhaftesten?
Der Verlust meines Neffen Alessandro, es gibt keinen Tag,
an dem ich nicht daran denke.

Was würdest du über dich gern hören?
Ich möchte nicht hören: »Er ist gestorben, weil er zu viel
gegessen hat.«

Was macht dich wütend?
Kriege, Gewalt und Missbrauch von Kindern, Frauen und
Tieren.

Etwas, was dich sofort glücklich macht?
Musik, besonders brasilianische Musik.

Was ist Glück, Papa?
Glück sind die Momente, in denen man bewusst das macht,
was man gerne tut. Glück ist ein Mittel, um das eigene Leben
zu führen, und nicht ein Ziel. Als ich ein Schulkind war,
fragte man mich, was ich werden wollte, wenn ich groß bin,
und ich sagte: »Glücklich.« Die Lehrer sagten mir, dass ich
die Aufgabe nicht verstanden hätte, und ich sagte, dass sie
das Leben nicht verstanden haben.

Wie funktioniert Leben? Glaubst du an Glück oder Unglück?
Wie alle Neapolitaner war ich als junger Mann abergläu-
bisch, dann wurde mir im Laufe der Zeit klar, dass alles von
uns abhängt, dass das Leben ziemlicher Bullshit ist und dass
man es nie zu ernst nehmen sollte. Ich glaube daran, weiter-

zumachen und das Leben mit allem zu akzeptieren, was es dir an Gutem als auch Schlechtem bietet. Es mag einem viel Ärger machen, aber das hilft immer dem Mutigen.

Was passiert nach dem Tod?
Ich glaube, dass dort alles beginnt, das ist das wahre Leben, davon bin ich überzeugt. Ich glaube, dass wir in Wirklichkeit nie sterben und dass unsere Seele auch nach dem Verlassen der Erde lebendig ist. Im Gegenteil, ich bin sicher, dass das Leben weitergeht, und ich bin neugierig, weiterzuschauen, um es zu entdecken. Wenn nichts passiert, werde ich sauer sein!

Was ist der Sinn des Lebens?
Das Leben hat keine Bedeutung, nur Liebe und Verbindungen sind wichtig. Der Glaube an Gott ist es, was mich trägt, denn ich erkenne immer mehr, dass all die Dinge, denen ich Wert beigemessen habe, unbedeutend sind, der Sport mit seinen Annehmlichkeiten und der Popularität. Wer stolz auf diese Dinge ist, wer nur Erfolg und Ruhm verfolgt, ist ein Idiot.

Und wenn du jetzt deine Tochter vor dir hättest, dein zweites Kind, was würdest du ihr sagen wollen?
Dass du schön bist, eine der schönsten Frauen, die ich je gesehen habe, und dass ich einen tollen Job gemacht habe, weil du auch eine gute Frau bist.

*Und wenn ich meinen Vater vor mir hätte und ich ihn inter-
viewen würde, würde ich ihm sagen: Danke, Papa, für deine
wertvollen Lebenslehren, dafür, dass du mir nie gezeigt hast,
was Wut, Neid und Groll sind, sondern dass du mich immer
mit deiner Einfachheit, deiner Lebensfreude und deiner inneren Gelassenheit begleitet hast, die mein Herz immer erfüllt
haben.*

DANK DIR, MEIN SCHATZ ...

Buds Rezepte

In seiner Freizeit hatte Papa immer seine Kamera dabei, mit der er uns, all unsere besonderen Momente und jeden Einblick in den Alltag festhielt. Es gibt mindestens zehn Fotos von jeder Situation. Es war seine Art, die Zeit anzuhalten. Diese Fotos, die ich heute mit einem Lächeln im Gesicht anschauen kann, sind eine Dokumentation unseres Lebens. Da er meistens fotografierte, gibt es leider nur wenige Fotos, auf denen er zu sehen ist.

Eine der schönsten Erinnerungen ist mit dem Bild meiner Großmutter Rina (wie wir sie nannten) verbunden. Sie war hübsch, elegant und lächelte die ganze Zeit. Sonntagmorgens fing sie schon früh an zu kochen, um ein üppiges Mittagessen für die ganze Familie zuzubereiten. Der Duft war immer betörend. Ich erinnere mich, wie ich mit einem Stück Brot die leckere heiße Sauce probieren durfte oder wie ich einen Zuckerwürfel aus einer Metallkiste als Belohnung für mein Warten bekam.

Die einzige lebendige Erinnerung, die ich an sie habe, ist ihr lachender Mund, aber nicht der Klang ihres Lachens. Es ist wie ein Stummfilm: Ihr Kopf geht zurück, und ihr Mund lächelt, dort in ihrer Küche, in ihrem Königreich, zwischen den Töpfen und dem Herd. Sie war die Königin der verschiedenen Geschmacksrichtungen.

Großmutter erzählte mir, dass Papa als Kind wie ich war. Er stand nie still, er war wie ein Fluss, der über die Ufer tritt, er wollte die Welt entdecken und stellte tausend Fragen. Begeistert hörte ich ihr zu, und so fuhr sie fort: »Wenn ich ihm ein Spielzeug gab, nahm er es innerhalb von 24 Stunden auseinander. Das machte deinen Großvater sehr wütend, weil er nicht verstehen konnte, warum dein Papa alles zerbrach.

Aber er versuchte einfach zu verstehen, wie es gebaut war, er versuchte, zum Ursprung dieses Objekts zu gelangen.« Heute kann ich rückblickend sagen, dass die Dinge, die mein Vater tat, Ausdruck seines großen Dranges waren, die Welt zu entdecken. Seine ganz besonders ausgeprägte Neugier behielt er bis zum Schluss. Er untersuchte immer gerne die Geheimnisse des Lebens, stellte sich viele Fragen und suchte jeden Tag nach Antworten, auch wenn sie schwer zu finden waren. Es reichte ihm nicht zu wissen, wie etwas aussieht, er musste den Dingen auf den Grund gehen. Dieses Bedürfnis nach Entdeckung und Vertiefung war schon immer ein wichtiger Bestandteil seiner Lebensphilosophie.

Auch ein wichtiger Teil von Papas Lebensphilosophie war seine Beziehung zum Essen. Großmutter erzählte mir, dass sie den Kühlschrank und den Vorratsschrank mit einem Vorhängeschloss abschließen musste, sonst hätte er alles aufgegessen, und sie hatte Angst, dass ihm danach übel würde. Eines Tages als Kind fand sie ihn auf dem Boden sitzend, mit einer großen Schachtel Schokolade auf den Beinen, ein Geschenk, das sein Vater bekommen hatte. Als Großmutter zu ihm kam, entdeckte sie, dass die Kiste leer war und Papa alles aufgegessen hatte!

Oben und unten:
Cristiana am Strand, 1972.

Oben: Cristiana mit ihrem Vater beim Ischia Film Festival 1992.
Unten: Cristiana mit Buds Mutter Rosa.

Fotos auf dieser Doppelseite:
Cristianas Hochzeit in Morlupo, 1986.

Oben: Cristianas Metall-Skulptur »Legami«, 2016.
Unten: Die Künstlerin mit ihren Skulpturen und Bildern.

Oben: Cristiana unterstützt UNICEF, Maxxi Museum in Rom, 2015.
Unten: Cristiana mit Tochter Sofia.

Oben: Sofia als kleines Mädchen, 2001.
Unten: Mit Papa Bud bei Sofias Kommunion.

Oben: Mutter und Tochter im Urlaub auf den Malediven, 2011.
Unten: Sofia.

Oben: Bud mit seinem Enkel Nicolò bei dessen Taufe in Morlupo, 1991.
Unten: Mama Cristiana mit ihrem Sohn Nicolò.

Oben: Nicolò, 2008.
Unten: Ein charmanter junger Mann.

Oben: Sofias Geburtstag in Morlupo, 2001.
Unten: Eine ausgelassene Familienfeier.

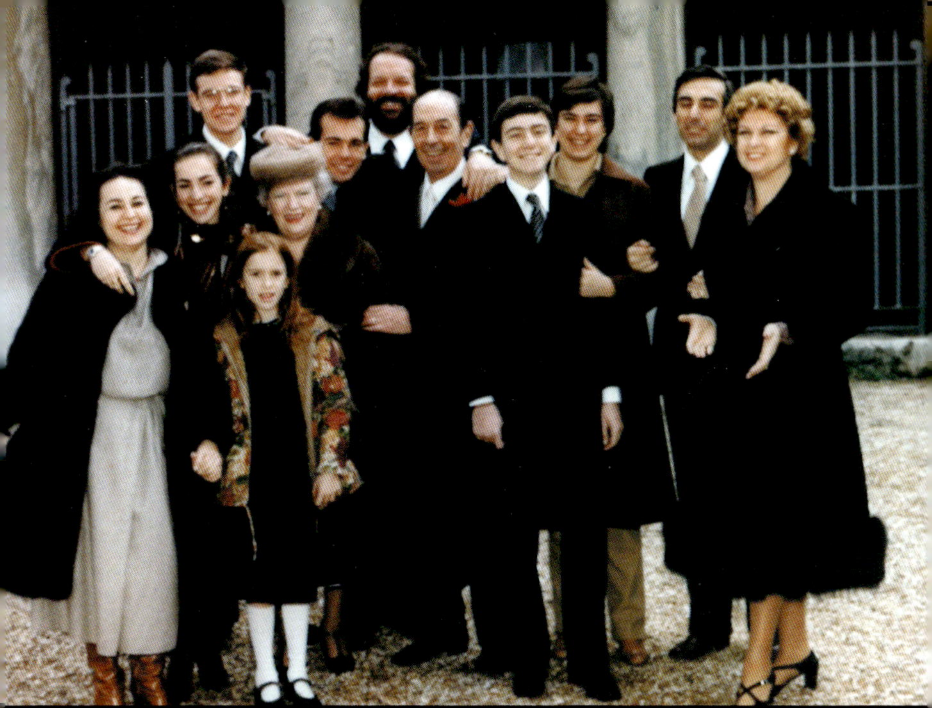

Oben: Die Familie feiert den 25. Hochzeitstag von Buds Eltern Sasà und Rosa.
Unten: Eine Geburtstagsfeier in Argentario.

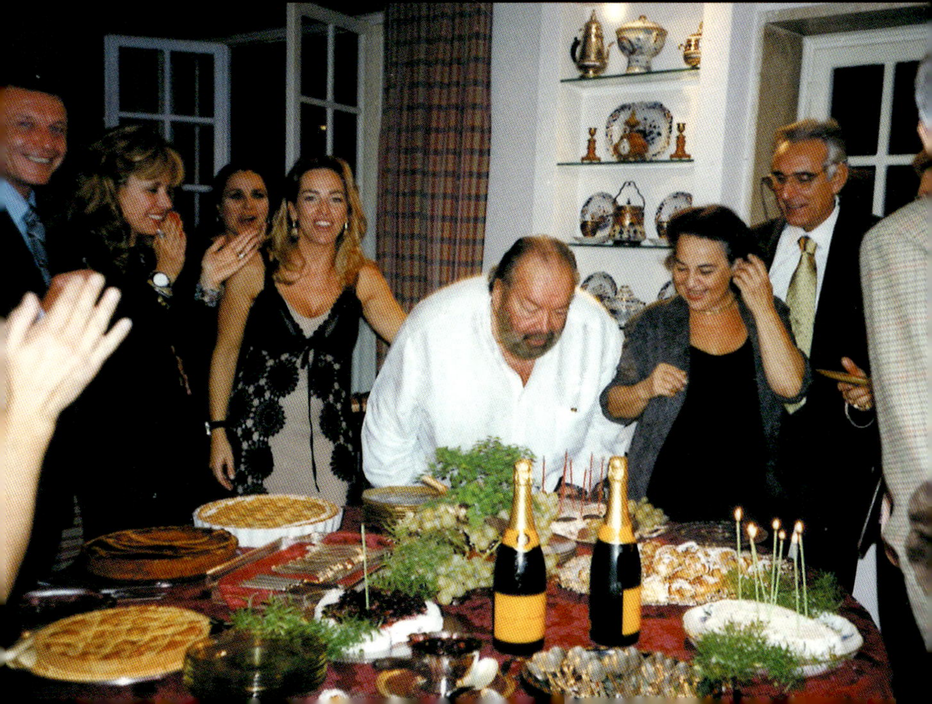

Oben und unten: Die Taufe von Buds Enkel Alessandro, 1993.

Oben: Terence kommt zum Spaghetti-Essen zu Besuch, 2012.
Unten: Bud mit seinen Enkeln Alessandro, Nicolò, Carlo und Sofia.

Oben: Diamante, Bürgermeister Máté Kocsis, Cristiana, die Bildhauerin Szandra Tasnadi und G. Kárpáti vor der Bud-Statue in Budapest. Unten: Die Statue wird feierlich enthüllt.

So wie wohl jede Mutter hatte sie große Angst, dass er sich nun schlecht fühlen würde, aber überraschenderweise war es nicht so. Ihr Sohn schlief am Abend mit seinem vollen Bauch tief und zufrieden ein.

Vor einiger Zeit erhielt ich einen Brief von einer gemeinnützigen Organisation, in dem man mich um eine Spende für die ärmsten Menschen der Welt bat. Der Slogan in der Broschüre lautete »Essen ist ein Geschenk«. Ich war verblüfft, denn genau das hatte Papa uns oft gesagt! Ich habe das Essen immer als Vergnügen betrachtet, höchstens als Notwendigkeit, aber nie als Geschenk. Doch wenn man seinen geistigen Horizont erweitert, kann man die tiefe Bedeutung dieses Satzes verstehen; Papa wiederholte oft, dass Essen für manche Menschen nicht selbstverständlich ist, dass sie nicht verstehen, wie man es sogar wegwerfen kann – und tatsächlich wurde bei uns zu Hause nie etwas weggeworfen! Für diese Menschen ist Essen etwas, das schwer zu bekommen ist, das keine Selbstverständlichkeit ist, deshalb betrachten sie es als echtes »Geschenk«.

Ich erinnere mich nicht, wann Papa anfing, über Essen zu philosophieren, wahrscheinlich zu der Zeit, als ihm von den Lebensmitteln, die er am meisten liebte, aufgrund seines Alters abgeraten wurde. »Essen ist wie Atmen«, war sein Motto, ein primäres Bedürfnis des Menschen. Dazu möchte ich ergänzen, dass die Nahrung sich im Erbe einer Kultur, in der Geschichte einer Zivilisation und ihrer Gewohnheiten verbirgt, die Entdeckung ihrer Aromen ist Teil des Wissens.

In der Antike dauerten die Mahlzeiten sehr lang und sehr oft schlossen die Reichen und Mächtigen wichtige Geschäfte am Tisch ab. Mit allen am Tisch zu sitzen und zusammen zu essen, war für meinen Vater ein heiliger Moment. Mama versuchte immer vergeblich, die Menge an Essen, die auf den Tisch gestellt werden sollte, einzugrenzen, aber er antwortete immer mit demselben Satz: »Maria, ich bin mit sechseinhalb Kilo zur Welt gekommen, und das hat meine Beziehung zum Essen irgendwie beeinflusst. Sogar meine Mutter hatte nicht den Mut, mir nur eine Babyflasche anzubieten, wie es die Regel war, sondern sie hatte sich ein eigenes System ausgedacht, um mich mit der Milchmenge zu versorgen, die sie für notwendig hielt. Sie bereitete drei Flaschen vor, und ich trank so lange, bis ich satt war.«

Andererseits hatte man in jener Zeit, in der das viele Essen ein Garant von Wohlbefinden zu sein schien, zu wohlernährten Kindern gesagt: »Schau, wie schön es ist, mit den Pausbäckchen.«

Kurz gesagt, die Freude am guten Essen hat Papa im Laufe der Jahre immer so weit begleitet, dass er Descartes' Motto *Cogito ergo sum* (Ich denke, also bin ich) in *Mangio ergo sum* (Ich esse, also bin ich) umgewandelt hat. Er sagte auch, dass es absurd sei, mit Descartes zu konkurrieren, und kam dann zu dem Schluss: »Aber sag mir, ob du denken kannst, wenn du Hunger hast …«

Er konnte sich nur mit einem schönen Teller Spaghetti beruhigen, die auch zu seinem »Chef d'œuvre« wurden, seinem Meisterwerk! Er bereitete sie auf tausend Arten zu, dabei war seine Fantasie unendlich groß, und von seinen köstlichen Ergebnissen waren wir begeistert! Papa sagte oft, dass man sich der Küche im Stil eines Dirigenten nähern müsse, »weil ein Koch wissen muss, wie man eine Vielzahl von Zutaten in ein Zusammenspiel von Geschmack und Aroma umwandelt.«

Viele seiner Rezepte stammen nicht nur aus dem Italien seiner Kindheit, sondern auch auch aus den Ländern, die er später bereiste.

Mit Freude stelle ich mir vor, wie die Gerichte der nun folgenden Rezepte den Gaumen vieler Menschen, die ihn lieben, erfreuen werden.

Spaghetti à la Maria

Spaghetti sind die beliebteste Nudelsorte der italienischen Küche. Papa pflegte zu sagen, dass die Ursprünge der Spaghetti ungewiss sind, sodass verschiedene Länder für sich beanspruchen, sie erfunden zu haben. Dazu gehören Italien, China und Arabien. Eine der vielen Legenden besagt, dass der Reisende Marco Polo sie 1291 auf dem Rückweg aus China kennenlernte und nach Europa brachte.

Angesichts der weiten Verbreitung von Spaghetti wird Italien und insbesondere Neapel die eigentliche Urheberschaft zugeschrieben. So wurden die Spaghetti schließlich auch mit einem Filmgenre verbunden, dem Spaghetti-Western, in dem, wie jeder weiß, Papa neben Terence Hill einer der Hauptakteure war.

Als guter Neapolitaner hat Papa Spaghetti geliebt. Terence ist auch ein Fan von Spaghetti. Am liebsten isst er die mit der Sauce, die von meiner Mutter Maria gekocht werden.

Ich weiß noch, dass er uns, als Papa noch lebte, immer besuchen kam, wenn er in Rom war. Dann organisierten wir ein Abendessen, um ihn mit Spaghetti à la Maria zu erfreuen.

Zutaten:
½ Kilo Spaghettini oder Linguine
1 Kilo Kirschtomaten
Olivenöl nach Belieben
2 bis 3 Knoblauchzehen
Salz und Chili

Die Angaben sind geschätzt, weil Papa immer auf das zurückgriff, was im Haus war.

Nimm eine große Menge Tomaten, schneide sie in kleine Stücke und lege sie in eine große Pfanne mit viel kalt gepresstem Olivenöl und den Knoblauchzehen. Die Zutaten in der Pfanne etwa eine Stunde lang bei mittlerer Hitze köcheln lassen.

Spaghetti al dente kochen, also die Nudeln eine Minute vor der empfohlenen Garzeit vom Herd nehmen, und fertig! Die Spaghetti in die Pfanne kippen und gut durch die Tomatensauce rühren. Nach Geschmack etwas Chili hinzufügen. Wenn man Freunde eingeladen hat und das Essen gut ist, werden die Freunde immer wiederkommen wollen.

Nun wird mancher fragen: »Das ist alles?« Nun, ich habe bei den Zutaten das Genie vergessen – die Hand des Kochs wird einen Unterschied machen!

Dieses einfache Rezept, das sehr lecker ist – Buds Wort drauf! –, kann man variieren: mit Kapern, geschnittenen schwarzen Oliven oder Pinienkernen. Oder sogar alles zusammen.

Fagioli à la Bud – Buds Bohnen

Ein Teller Pasta stand schon immer auf Platz eins der Favoritenliste meines Vaters. Aber in seinen Filmen musste er immer eine riesige Menge an Bohnen vertilgen, und so ließ er sich von seiner Schneiderin und Köchin Ida ein Rezept geben. Zwischen den Verfolgungsjagden am Set probierte er aus, wie man dieses Rezept perfektionieren konnte, um die Bohnen noch schmackhafter zu machen. Man stelle sich vor: Laut Drehbuch musste mein Papa kiloweise Bohnen essen. Nicht auszudenken, dass der Verantwortliche am Set nicht gut kochen kann. Das wäre für Papa inakzeptabel gewesen … es hätte seinen Tag ruiniert.

Wie heißt es so schön: »Selbst ist der Mann!«

Zutaten:
500 g Cannellini-Bohnen
450 g Tomatenmark
1/2 Karotte, 1/2 Zwiebel, 1 Stiel Sellerie
Öl, Salz und Chili.

Am besten benutzt man eine Terracotta-Pfanne. Das Gemüse (Zwiebel, Sellerie und Karotte) in Öl anbraten. Die geschälten Tomaten dazugeben und mit einem Deckel abdecken. Die Bohnen entsprechend den angegebenen Zeiten kochen, nach dem Kochen abtropfen lassen, in die heiße Sauce geben und gut vermischen. Weitere fünf Minuten kochen lassen. Mit Salz und Chili abschmecken.

Il Sartù di Riso –
Neapolitanischer Reisauflauf

Eines der Lieblingsgerichte meines Vaters war der Sartù di Riso. Meine Großmutter Rina, die Mutter meines Vaters, kochte es jeden Sonntag, wenn sich die ganze Familie zum Mittagessen traf. Es war kein einfaches Gericht und wirklich etwas Besonderes. Im Laufe der Jahre haben wir es immer so gekocht, wie Papa es uns beigebracht hatte, und während wir kochten, erzählte er uns vom Ursprung dieses köstlichen Gerichts.

»In der Zeit von Murattianos Neapel gingen viele französische Wörter in unsere Sprache ein, und so wurde *Monsieur* (der Titel des Palastkochs) zu *Monsú*, *gâteau* (Gebäck) zu *gatò*, und der *sartù* stammt von *surtout* (Überrock) ab.«

Im Laufe der Jahre haben sich die Zubereitungsmethoden stark verändert, aber die meiner Großmutter Rina war sicherlich etwas Besonderes. Papa liebte dieses Gericht am meisten, wenn Rina es zubereitete.

Um es zu kochen, muss man viel Geduld und Zeit mitbringen.

Zutaten:
500g Kalbfleisch
Öl
Zwiebeln
1 Glas Weißwein
4 Dosen geschälte Tomaten
300g Würstchen
Hart gekochte Eier
Geräucherter Provola
Luganighe-Würstchen
Carnaroli-Reis
Mozzarella
Erbsen
Hackfleisch für Fleischbällchen
Eier für Fleischbällchen
Brotlaib
Pilze
Salz

Die Vorbereitung des Sartù gliedert sich in verschiedene Phasen.

Die Sauce:

Die Zwiebel mit Öl goldbraun braten. Nach dem Braten des Fleisches ein wenig Hackfleisch dazugeben und mit dem Weißwein ablöschen. Die geschälten Tomaten dazugeben und die Sauce bei schwacher Hitze mindestens 3 Stunden kochen.

Fleischbällchen:
Das Hackfleisch in eine Schüssel geben, Eier, Salz und das mit Wasser oder Milch angefeuchtete Brot zerbröckeln und hinzufügen. Alles vermischen, bis ein homogener Teig entsteht. Sehr kleine Fleischbällchen (ca. 1 cm) formen und in reichlich Öl braten.

Erbsen und Pilze:
Die Zwiebeln braten, Erbsen und Champignons hinzufügen, mit Wasser bedecken. Zum Kochen bringen, nach Belieben salzen.

Reis:
Den Reis 8 Minuten lang kochen lassen, dann durch die Sauce rühren.

Vorbereitung der Sartù:
Man nehme eine hohe Backform und lege sie mit den Semmelbröseln aus. Dabei immer abwechselnd eine Schicht Reis und eine der Füllungen (Mozzarella, Wurst, Provola, Pilze und Erbsen) aufbringen, mit dem Reis beginnen und enden. Mindestens 3 bis 5 Schichten, abhängig von der Höhe der Form. Bei 200 Grad etwa 30 Minuten backen.

Il Supplì –
frittierte Reiskroketten

Ein weiteres von Buds wahren Lieblingsgerichten waren die Supplì. Ein Rezept, das auf Reis basiert und weniger anspruchsvoll ist als Sartù. Papa sagte uns, dass die Supplì seinen Ursprung in der Zubereitung der Reste von Sartù hat. Die Diener und Köche der großen Fürsten bereiteten für ihr eigenes Essen aus den Resten Reiskugeln mit Mozzarella-Stücken zu und frittierten sie. Eines Tages entdeckte der Meister dies, und sie mussten die Bällchen an den Tisch des Fürsten bringen. Der war hocherfreut und wollte immer wieder diese Bällchen essen. Sie ersetzten dann auch in der Folge ein wenig das viel komplizierter zu bereitende Sartù.

Le Polpette –
Fleischklößchen

Papa war nicht besonders fleischliebend, aber wenn man ihm ein »Prime Rib« wie in amerikanischen Restaurants oder ein Florentinisches Steak vom Grill brachte, kamen all die Erinnerungen an die menschliche Evolution ans Licht. Das Vergnügen, in ein saftiges Stück Fleisch zu beißen, zeigte, dass die Vorlieben, die wir in der menschlichen Frühzeit zu haben pflegten, nie wirklich verschwunden waren.

Abgesehen vom Steak mochte mein Papa das, was Kinder bevorzugen: Würstchen, die saftigen Arrosticini, Schnitzel, Fleischbällchen, und alles natürlich serviert mit Bratkartoffeln, denen er einen ehrfürchtigen Respekt entgegenbrachte, und sie gaben ihm authentische mystische Visionen.

Bei den Fleischbällchen fällt mir ein, wie ich als Kind staunend beobachtete, wie Papa sie in riesigen Mengen verschlang. Die Besitzer des damaligen Restaurants in den Safa Palatino Filmstudios bereiteten sie nach einem Geheimrezept zu, das sie dann nur Papa verrieten. Diese wunderbaren Fleischbällchen wurden in den Drehpausen gegessen. Die Arbeitsrhythmen damals waren entspannter als heute. Pausen verursachten keine so exorbitanten Kosten. Die Crew und die Schauspieler konnten sich beim Essen etwas mehr Zeit lassen, ohne dass das Budget gesprengt wurde. In Gesellschaft von Kollegen und Freunden wurden diese köstlichen Fleischbällchen genossen.

Ich erinnere mich, dass er mal mit Italo Zingarelli, dem Produzenten einiger seiner Filme, darum wettete, wer es als Erster schaffte, 80 Fleischbällchen zu essen. Ich weiß leider nicht mehr, wer die Wette gewonnen hat!

Zutaten:
600 g Hackfleisch (200 g Kalbfleisch,
200 g Schweinefleisch, 200 g Rindfleisch)
3 Eier
150 g altes Brot
50 g Parmesankäse
Salz, schwarzer Pfeffer und Semmelbrösel
Sonnenblumenöl zum Frittieren

Sie werden wie die Sartù-Fleischbällchen zubereitet.

La zuppa di Pesce –
Fischsuppe

Auch Fisch war eine Leidenschaft von Papa, besonders wegen der Atmosphäre beim Essen und dem Ritual der Zubereitung. Zuerst einmal musste man Fisch in der Nähe des Meeres essen. In den heißen Sommern – oder noch besser: in den stürmischen Wintern – sollte man Fisch in den kleinen Restaurants, die seit vielen Jahren direkt von den Fischern versorgt werden, essen. In Papas Geschichten über die Amalfiküste war das schon so, wenn sie damals mit Freunden ein Haus gemietet hatten, umgeben vom intensiven Duft der Zitronenbäume, einen wunderbaren Wein namens Caruso genießend. Den Fisch aus dem Golf von Salerno garten sie auf der Glut des Grills und bereiteten so ein königliches Abendessen zu.

Viele Jahre später, als Papa jenen Schlepper kaufte, eine echte Wohnung auf dem Meer, lud er oft ein paar Freunde zum gemeinsamen Essen ein. Neben Spaghetti wurde zum Abendessen auch oft Fischsuppe serviert.

Wer eine Fischsuppe zubereiten will, wie Gott sie befiehlt, sollte sich anderthalb Tage Zeit lassen. Fischsuppe ohne Zeit und Rituale ist wertlos. Wer einen Sommerabend am Strand verbringt und sich nach einer Fischsuppe fühlt, sollte die engsten Freunde anrufen und sie einladen, diese gemeinsam mit ihnen zuzubereiten. Das haben wir vor einigen Jahren im Sommer in Argentario gemacht. Am Abend zuvor bestellten wir verschiedene Sorten Fisch: Drachenkopf, Knurrhahn, Palombi, Petersfisch und Tintenfisch.

Am Nachmittag des nächsten Tages wurde keine Siesta gemacht, sondern der Fisch wurde ausgenommen, entschuppt und in kleine Stücke geschnitten. Meine Mutter, meine Brüder, aber auch meine Cousins und unsere Freunde halfen alle mit, damit die Arbeit schnell erledigt werden konnte. Dann gab es eine Pause und einen schönen Kaffee, und es blieb sogar Zeit für ein Bad im Meer.

Um die Zubereitung der Suppe kümmerte sich Papa. Die anderen deckten schon den Tisch, schnitten das Brot auf und bereiteten alles andere vor. Der betörende Duft der Suppe breitete sich aus und zog die Nachbarn an, die wir dann natürlich auch einluden. Am Ende wurde dieses köstliche Gericht von allen voller Genuss verspeist.

Zutaten:
2 kg Fisch
2 Knoblauchzehen
1 Zwiebel
1 Karotte
1 Sellerie
Olivenöl
25 ml Wasser
300 g Tomaten
1 Glas Weißwein
Salz und Chili, Petersilie

Die Karotte, eine halbe Zwiebel, den Sellerie und Petersilie anbraten. Nach Belieben Tomatenmark sowie 2 Knoblauchzehen hinzufügen. Verschiedene Fischarten können nach

Belieben hinzugefügt werden: Krustentiere, rote Skorpionfische, Knurrhahn, Pacchero, Garnelen, Zackenbarsch, Seeteufel und Petersfisch.

Süßes

Und last but not least, die Desserts. In diesem Fall habe ich keine Papa-Rezepte zu teilen. Er sagte immer, dass er kein guter Konditor sei, weil es zu viel Präzision brauche. Die Dosierungen müssten sehr genau sein, und man dürfe davon nicht abweichen.

Er mochte Süßigkeiten aber wirklich gerne. Er sagte oft: »Das Wort *süß* beschreibt sie bereits perfekt. Süß ist der Frühling, süß ist das Lächeln eines Kindes, süß ist unsere bessere Hälfte. Ich werde dir aber nichts über *das süße Leben* erzählen, weil das zu beschönigend wäre. Das Leben ist alles andere als süß. Aber Süßigkeiten, wie Monsieur La Palisse immer sagte, sind süß, und es lohnt sich, sie zu probieren.«

Papas Lieblingsdesserts waren die Pastiera und die Babà, und ich freue mich, dass man in der Gambrinus-Bar in Neapel neben einem superfeinen Kaffee auch eine besondere Babà bekommt, die sie Bud gewidmet haben: die Babà Bud. Es ist der Klassiker, Babà mit Schokoladenguss, sehr exquisit! Ich habe noch nie etwas so Gutes probiert, und Papa wäre stolz darauf – er würde mindestens zehn Stück davon essen.

Erinnerungen von Maria

Als ich Cristiana erwartete, wollten weder ich noch ihr Vater wissen, ob es ein Junge oder ein Mädchen wird. Aber dann war es doch eine große Freude, denn wir hatten mit Giuseppe bereits einen Jungen und waren sehr glücklich, dass sie ein Mädchen war.

Bis zum Tag ihrer Geburt hatte Carlo gehofft, dass sie am gleichen Tag wie er geboren würde. Cristiana kam aber drei Tage früher – am 28. Oktober – zur Welt. So kam es, dass sie wenigstens das gleiche Sternzeichen hatten, Skorpion, Diamante später auch. Was kann ein unbewaffneter Fisch zwischen drei giftigen Skorpionen ausrichten? Ich musste mich anpassen und lernen, sie zu verstehen, auch wenn es mir vielleicht nicht immer gelang.

Von Geburt an sah man auf den ersten Blick die Ähnlichkeit von Cristiana mit Carlo. Obwohl sie noch ein Winzling war, hatte sie viele Züge, die an ihren Vater erinnerten. Später hatte sie auch sein Temperament und seinen Charakter.

Den Namen Cristiana hätte ich sehr gerne schon meinem ersten Kind gegeben. Offenbar hatte sich aber mein Vater so sehr einen Enkel gewünscht, dass mein Sohn Giuseppe das Licht der Welt erblickte. In seinem Leben hatte mein Vater dreimal auf einen Sohn gehofft und die Geburt von drei

Mädchen hinnehmen müssen, die er dann aber mit großer Innigkeit liebte.

Cristiana wurde am Tag des heiligen Christo Re geboren, sodass es passend schien, sie so zu nennen. Sie war schon als Kind unternehmungslustig, mutig und hatte einen starken Beschützerinstinkt, so sehr, dass sie eines Tages am Strand zwei Mädchen verprügeln wollte, die viel älter waren als sie. Die Mädchen hatten versucht, ihren Bruder Giuseppe unter Wasser zu drücken. Carlo sagte, dass *Cri Cri*, wie er sie nannte, genauso sei wie er, und tatsächlich haben sie sich oft gegen mich zusammengetan.

*

Carlo war zunächst sehr eifersüchtig auf Cristianas Verehrer. Mit der Zeit gewöhnte er sich daran und akzeptierte sie. Mein Mann war ein sehr vernünftiger und verständnisvoller Mensch und nahm das Leben mit seinen Vor- und Nachteilen an. Was den Charakter der beiden betrifft, so machten sie Dinge nicht gern, die sie nicht interessierten, aber wenn sie aus einem unerklärlichen Grund an etwas sehr interessiert waren, gaben sie das Projekt nicht auf, bis sie bekamen, was sie sich in den Kopf gesetzt hatten.

Carlo hatte dies deutlich bewiesen, als sein Freund Paolo Marinelli, ein Pilot, eines Tages lachend zu ihm sagte: »Okay, Carlo, du hast den Flugschein für Flugzeuge gemacht, aber jetzt noch den für Hubschrauber in so kurzer Zeit hinterherzuschieben, ist eine unmögliche Sache.« Carlo stellte sich der Herausforderung und hat es geschafft, den Schein in Rekordzeit zu erwerben. Dann wollte er sein Können unter Beweis stellen, indem er mit mir im Hubschrauber an die ligurische Küste flog und mich die schönen Buchten bewundern ließ. Unterwegs drehte sich mein Magen um, aber ich versuchte, gute Miene zum bösen Spiel zu machen. Ich war nicht der einzige Passagier, Carlo hatte auch seine Eltern eingeladen. Während seine Mutter von vornherein sehr zuversichtlich war, so war sein Vater doch nicht ganz überzeugt von den Flugkünsten seines Sohnes. Carlos Mutter sagte damals den heute legendären Satz: »Sasà, was ist in unserem Alter denn besser, als mit unserem Sohn gemeinsam zu sterben?« Das überzeugte auch seinen Vater, sodass er sich bereit erklärte, an der Reise teilzunehmen.

Apropos Reisen: Carlo war es vom Kino gewohnt, dass man alles schnell machen kann, und so konnte er nicht akzeptieren, dass man das im wirklichen Leben nicht unbedingt tun konnte. Wenn er also irgendwohin wollte, erwartete er, dass die ganze Familie im Handumdrehen bereit sein würde loszufahren, ohne auf eventuelle Verpflichtungen oder auf die nötige Vorbereitung des Gepäcks Rücksicht zu nehmen. Er reiste meist mit nur einem Koffer, und was ihm fehlte, kaufte er vor Ort. Er flog sehr oft in die Vereinigten Staaten, wo seine Größe keine Seltenheit war, dort fand er leicht eine große Auswahl an Kleidung der Größe XXXL.

*

Um verständlich zu machen, wie schwierig es mitunter war, mit Carlo zu leben, werde ich zwei kleine Anekdoten erzählen, die ein gutes Bild davon zeichnen …

Ich kann sagen, dass das Leben mit meinem Mann immer sehr abenteuerlich war. Als ich Carlo heiratete, verstand er nicht, dass es angebracht wäre, einige Gewohnheiten oder Bräuche seiner früheren Lebensweise zu ändern. Er verließ morgens das Haus und wäre nicht auf den Gedanken gekommen, mir zu sagen, wohin er geht oder wann er zurückkommen würde. Sehr bald wurde mir klar, dass ich ihn sein Ding machen lassen musste, und vielleicht hat unsere Ehe deshalb 57 Jahre gehalten.

Mein Verständnis stieß aber an Grenzen, als ich eines Abends anfing, mir Sorgen zu machen: Er war nicht wie sonst zum Abendessen zurückgekommen und es wurde immer später. Damals gab es keine Handys, und es gab keine Möglichkeit herauszufinden, wo er war. Stunden vergingen, und ich wurde immer ängstlicher. Um drei Uhr morgens, krank vor Sorge, setzte ich mich ans Fenster, um die Scheinwerfer der Autos zu beobachten, die auf unser Haus zukamen. Sie fuhren aber alle vorbei. Um halb vier entschied ich völlig übermüdet, dass das, was ich tat, nutzlos war, und ich fiel ins Bett in der Hoffnung, dass Carlo irgendwann wohlbehalten auftauchen würde. Nur fünf Minuten vergingen, da kam Carlo fröhlich zur Tür herein, als ob nichts geschehen wäre. Er hatte keinerlei schlechtes Gewissen, obwohl ich bis spät in die Nacht ohne Nachricht geblieben war.

Normalerweise ging Carlo zur Arbeit, während ich mit den Kindern in einer Villa in Casal Palocco blieb. Eines

Tages machte er sich auf, um das Boot eines Freundes zu holen, ein »Schifazzo trapanese«, eine Art Segelboot, und er plante, am nächsten Tag zurückzukehren. Gegen zwei Uhr mitten in der Nacht hörte ich es erst an die Tür klopfen und dann wurde die Glocke mehrmals geläutet. Überrascht, aber seltsamerweise nicht verängstigt, fragte ich, wer vor der Tür sei, und zwei Stimmen sagten: »Freunde deines Mannes!«

Ich öffnete selbstbewusst die Tür (so etwas würde ich heute nicht mehr tun) und stand vor zwei Männern, die mir sagten, sie hätten eine Nachricht von Carlo. Damals war er noch nicht berühmt. Sie hatten ihn an einem Strand an der Adria getroffen, und er hatte sie gebeten, mir Bescheid zu sagen, dass er mit dem Boot Schiffbruch erlitten hatte. Ich solle ruhig bleiben, es sei alles in Ordnung, jedoch würde er nicht so schnell zurückkehren, wie wir erwartet hatten. Ruhig zu bleiben war für mich eine sehr schwierige Aufgabe, aber mit der Zeit fand ich einen Weg, damit umzugehen.

Wenn ich jetzt an unser Eheleben zurückdenke, merke ich, dass ich all seine Extravaganzen immer akzeptiert habe, weil ich verstanden hatte, dass dies seine Natur war. Wenn ich versucht hätte, ihn zu ändern, hätte ich ihm seine Flügel gebrochen. Ich weiß, dass die Tatsache, dass Carlo ein so sonniges und freundliches Wesen hatte, es mir leichter machte, ihm alles zu verzeihen.

*

Ich erinnere mich, dass das erste Treffen zwischen mir und Carlo sehr aufregend war, wir waren jung und hatten die für dieses Alter typische Leichtigkeit und Unbeschwertheit. Ich weiß nicht mehr, in welchem Moment genau Carlo das Wichtigste in meinem Leben wurde, aber er blieb es für 62 Jahre. Vielleicht hatte seine Art zu singen und brasilianische Lieder zu spielen dazu beigetragen. Seine Stimme war so warm, harmonisch und tief. Vielleicht war es jener Moment an dem Tag im Pool des Foro Italico in Rom, wo ich ihn schwimmen sah und er frenetisch vom Publikum gefeiert wurde. Möglicherweise wurde mir plötzlich klar, dass er das Zentrum meines Interesses geworden war. Sein schönes Lächeln und seine entspannte Art, das Leben zu sehen, typisch für Neapolitaner, zogen mich sofort an.

Er tauchte zum richtigen Zeitpunkt auf: Ich war bereit für eine große Liebe, wie sie in Büchern beschrieben wird und über die man Lieder schreibt – ich hatte mich noch nie zuvor verliebt. Unsere Liebe war eine ganz besondere Liebe, sie ist aus der Ferne genährt worden. Schon damals war Carlo oft unterwegs oder beim Training, sodass wir die für Liebende typischen Rituale, wie Streiten und Frieden schließen, verpassten, wenn etwa der eine vielleicht gerne ins Kino und der andere lieber zum Fußballspiel gehen will. Ich wäre überall hingegangen, um mit ihm zusammen zu sein, aber ich hatte auch meine eigenen Verpflichtungen. Meine Eltern kontrollierten zudem, mit wem ich ausging, und zu diesem Zeitpunkt hatten sie noch das Sagen.

Sicherlich war Carlo weder ein typischer Vater noch ein traditioneller Ehemann. Das volle Vatersein hatte er nie erlebt, weil er oft lange unterwegs war. Seine Rückkehr jedoch erwarteten die Kinder immer sehr aufgeregt. Er überhäufte sie mit Geschenken, die sie in völlige Begeisterung versetzten. Mir kamen diese extravaganten Mitbringsel meist völlig seltsam vor. Aber offensichtlich interessierten die Kinder sich für solche Dinge wie exotische Kleidung oder Kameras.

Vielleicht haben sie sich so gut mit ihm verstanden, weil Carlo letztendlich auch ein Kind war – ein erwachsenes Kind! Das gemeinsame Einkaufen mit ihm in Supermärkten, vor allem in amerikanischen, hat den Kindern viel Spaß gemacht. Er hat sie alles kaufen lassen, und der Einkaufswagen war immer voll mit den nutzlosesten Dingen.

Carlo war ein sehr gastfreundlicher Mensch, und wenn wir zu unserem Strandhaus gingen, brachte er oft unerwartet Gäste nach Hause. Das erzeugte bei mir eine gewisse Anspannung. Er wollte das wiedergutmachen, indem er Berge von Lebensmitteln mit nach Hause brachte, die, anstatt mir zu helfen, noch mehr Verwirrung stifteten.

Mein Mann Carlo sah sich selbst als großen Koch, und eines Tages beschloss er, eine kolossale Fischsuppe zu machen; er kaufte eine übertrieben große Menge Fisch, und wir übernahmen das Vorbereiten. Wir alle verbrachten den Nachmittag damit, den Fisch für diese Suppe zu entschuppen und zu putzen, während er sich nur um das eigentliche Kochen kümmerte. Natürlich hatten wir den Großteil der Arbeit, aber als sich ein köstlicher Duft im ganzen Haus und auch in der Umgebung zu verbreiten begann, schauten alle Nachbarn nach, was wir kochten. Es war unvermeidlich, sie einzuladen. Am Ende waren wir zehn Leute mehr am Tisch als erwartet. Für Carlo war es ein echter Erfolg, auch weil er sich gerne mit Freunden umgab und die Abende mit ihnen verbringen wollte. Seitdem galt er als großartiger Koch, und für uns alle war das eine unvergessliche Suppe.

*

Seit unserer Heirat sind 56 Jahre vergangen, und natürlich war Carlo, entweder wegen der Arbeit oder wegen seiner unruhigen Natur, nur selten zu Hause; aber das hat unsere Ehe nicht beeinträchtigt. Immer wenn er zu Hause war, tanzten wir natürlich alle nach seiner Pfeife, nicht weil er sich mit Autorität durchsetzte, nein, es kam von ganz allein, dass wir ihm nachgaben. Er war ein Magnet für positive Energie und gab uns Gleichgewicht. Viele nannten ihn einen guten Riesen. So habe ich ihn nie betrachtet, aber als ich am 27. Juni 2016 seine Hand hielt, dachte ich zum ersten Mal, *es war echt, es war wirklich gut.* Vielleicht hätte ich es ihm sagen sollen, als er noch hier bei mir war, vielleicht hätte ich ihm viele andere Dinge sagen sollen, aber vielleicht wusste er das alles schon.

Heute Abend werde ich wie jeden Tag auf ihn warten, darauf warten, ihn wieder so groß und stark vor mir zu sehen, wie er war. Ich muss nur seine Stimme hören und seinen Blick sehen, um zu verstehen, dass alles gut sein wird und dass er immer hier bei mir ist, bei uns und in der Luft, die wir atmen.

19

Erinnerungen von Giuseppe Pedersoli

Mein Vater war kurzsichtig wie ein Maulwurf, und dieser »Fehler« wurde an uns Kinder weitergegeben. Er trug eine Brille mit Gläsern so dick wie ein Flaschenboden, aber was für die meisten von uns eine ernste Beeinträchtigung wäre, setzte bei ihm besondere Energien frei. Es hinderte ihn nicht daran, ein Meister im Sport zu werden, und als er seine Brille abnahm, um in hundert und mehr Filmen vor der Kamera zu stehen, schaffte er es, die besten Verfolgungsjagden hinzulegen, und leistete sich auch in den langen und spektakulären Choreografien seiner berühmten Faustkämpfe keinen Fehltritt. Er sagte, dass er der einzige Schauspieler sei, der berühmt wurde, ohne dass man seine Augen richtig sah. Und das von jemandem zu hören, der eng und nah mit Terence Hill zusammenarbeitete, klang wie ein Paradoxon. Er hatte tatsächlich schöne grüne Augen, zeigte sie aber nie. Durch seine Kurzsichtigkeit waren sie fast immer hinter sehr dünnen Schlitzen verborgen.

Seine Kurzsichtigkeit hat auch zu komischen Situationen geführt, wie zum Beispiel der Vorfall, als er ohne zu zögern ins Auto eines Fremden stieg, weil er davon überzeugt war, dass der Mann sein Fahrer war. Der brachte ihn auch ohne

Murren an sein Ziel, nur aus Freude, eine Stunde lang Bud Spencer in seinem Auto zu haben. Papa bemerkte bei unserer Ankunft den peinlichen Fehler und wollte seinem Fan die Fahrt bezahlen, der das fast als Beleidigung aufgefasst hätte. Oder ein anderes Mal, wieder an einem öffentlichen Ort, wollte er mit dem Fahrstuhl fahren, merkte aber nicht, dass er stattdessen vor einem Getränkeautomaten stand und dessen Knöpfe drückte.

Mein Vater hatte einen großen Sinn für Humor, und wir hatten immer viel Spaß mit ihm. Im hohen Lebensalter konnten selbst Kontaktlinsen den Defekt nicht beheben, aber er sagte immer, dass die Welt, die ein kurzsichtiger Mann sieht, eine schönere Welt ist. Nicht für alle, nur für solche wie ihn, die ein leichtes Herz haben.

Die Resonanz und Zuneigung der Fans ist heute größer denn je. Die wichtigste Botschaft seiner Filme, für die ihn viele so liebten, ist die Verteidigung der Schwächsten. Mit humorvollen Dialogen, wahnwitzigen Abenteuern und lustigen Prügeleien wurde das genial umgesetzt. Trotz der Prügeleien werden in den Filmen die Feinde immer zu Freunden, und die Gewalt, die sie anwenden, verletzt niemanden, es ist eine Art Spiel.

Bud und Terence lösten jedes Problem mit Ohrfeigen, passend im Rhythmus der Musik, und sie schafften es immer, das Gute durchzusetzen, so wie in ihrem wirklichen Leben. Zwei echte Helden, die gut in alle Zeiten passen.

20

Erinnerungen von Diamante Pedersoli

Wir wollten nach Montagna fahren, um alte Freunde, die ich seit 18 Jahren kannte, zu treffen. Papa, der Pilot, flog uns mit seinem Privatflugzeug. Das war ein absolutes Privileg, das ich in jenem Moment etwas peinlich fand, weil ich so verwöhnt wurde. Andererseits muss ich zugeben, dass ich mich vor meinen Freunden auch wie eine Göttin fühlte, und das alles dank Papa! Er war einfach großartig!

Ich weiß noch, wie Papa, Giorgio (sein Chauffeur), meine drei Freunde und ich an einer Straße warteten, um sie überqueren zu können. Da kam ein junger Motorradfahrer wie ein Verrückter angerast und hätte beinahe Papas armen Chauffeur umgefahren. Mit einer Handgeste ließ Giorgio ihn verstehen, dass er anhalten solle. Der Fahrer bremste hart, stieg von seinem Motorrad und fing an, auf Giorgio einzureden und ihn zu beleidigen. Papa war zunächst am Straßenrand geblieben. Dann aber sah ich, wie er sich auf den Motorradfahrer zubewegte. Als er ihn erreichte, nahm er dessen Helm aus den Händen und warf ihn weit weg. Das Gesicht des jungen Mannes, der eben noch mutig und respektlos gewesen war, erstarrte plötzlich. Als er sah, wie eine riesige Hand ihn an der Jacke packte, wurde ihm immer klarer, wem diese Hand gehörte. Es war wie eine Szene aus einem Film meines Vaters. Wir alle mussten lachen, der junge Mann aber war weniger fröhlich, denn er merkte nun, dass er gerade einen Faustkampf mit Bud Spencer riskierte.

Zu den schönsten Erinnerungen, die mir in den Sinn kommen, gehören die Weihnachtsfeste, wenn meine ganze Familie, meine Tanten mit all unseren Cousins und andere Verwandte zusammenkamen. Meine Mutter war sehr penibel bei ihren Vorbereitungen für das Fest. Wir gingen immer mit Körben los und sammelten auf den Wiesen frisches Moos für den Untergrund, auf dem die Krippe aufgestellt werden sollte, dann wurden mit Sorgfalt kleine Spiegel für die Seen, krauses Papier für die Berge und Sternenpapier für den Himmel angebracht, und jede Figur des Krippenspiels fand ihren Platz. Der Weihnachtsbaum war immer sehr groß, er stand mit der Wurzel in einem riesigen Topf, damit er später im Garten eingepflanzt werden konnte. Papa kümmerte sich um die kulinarische Seite, er koordinierte die Küchenarbeit und erzählte dabei seine Witze. Es sind glückliche Erinnerungen, und seine Stimme, ein Klang, ein Bild, ein Duft reichen aus, um sie wieder zum Vorschein zu bringen.

Der beste Weg, jemandem etwas beizubringen, ist, mit gutem Beispiel voranzugehen. Vielleicht ist es sogar der einzige Weg. Papa war so, ein Mann mit wenigen Worten, aber ein gutes Vorbild. Alles, was ich von ihm gelernt habe – und es ist ein immenses Vermächtnis von Werten –, habe ich aus seinem Verhalten gelernt. Ich glaube nicht, dass ich jemals einen Menschen kennengelernt habe, der integrer, aufrichtiger und loyaler war als er.

21

Erinnerungen von Sofia

Buds Enkelin, Cristianas Tochter

Wenn ich an meinen Großvater denke, sind die Erinnerungen stark mit bestimmten Gefühlen verbunden. Diese werden dann lebendig. Kleine unbedeutende Gesten kommen mir in den Sinn und lösen Flashbacks aus, so wie in seinen Filmen.

Jeder kennt das außergewöhnliche Werk, das er mit seinem Leben als Athlet, Champion und Schauspieler geschaffen hat. Ich hingegen durfte die Einfachheit einer Liebkosung von ihm, das Glück seines Lächelns kennenlernen. Mit Augen, so klar wie meine, die in die Seele hineinschauen, nicht um etwas herauszufinden oder zu beurteilen, sondern um eine Gelassenheit so groß wie seine Hände zu finden.

Für ihn war ich »Die Geheimnisvolle«. Er sagte mir, dass immer, wenn er mir in die Augen sah, er sich »im Meer des Friedens schwimmend« wiederfand. Ich fand es beglückend, ihm das gleiche Gefühl zu geben, das ich empfand, wenn ich in seine Augen sah.

Meine Erinnerungen an meinen Großvater helfen mir, wenn ich schlechte Laune habe oder schlechte Gedanken vertreiben will. Dann suche ich tief im Inneren nach diesen kleinen Gesten, die mir Glückseligkeit bringen, und nach den Augen, die mich immer träumen lassen.

22

Erinnerungen von Nicolò

Buds Enkel, Cristianas Sohn

Ich lag vor ihm im Wasser, war kaum größer als seine Hand, aber seine Unterstützung gab mir Mut. Vor mir auf der Wasseroberfläche spiegelte sich sein Lächeln, was mir Selbstvertrauen gab. So begann ich, langsam und vorsichtig zu schwimmen.

Diese Unterstützung, die ich auch weiterhin von ihm bekommen sollte, hat eine außergewöhnliche Beziehung zwischen uns aufgebaut. Wir waren durch gegenseitigen Respekt und eine tiefe Liebe verbunden. Ich hörte seinen Worten zu und saugte alles auf, wie Bienen den Nektar der Blumen, er trug eine Weisheit in sich, die mich schwierige Zeiten überwinden und wichtige Entscheidungen treffen ließ.

Großvater lebte sein Leben, oft schien er abwesend, in seiner eigenen Welt. Er hatte seine ganz eigene Art zu erkennen, was ihn umgab, mit diesem sechsten Sinn, den nur er besaß.

Er konnte meine Stimmungen verstehen, und seine Worte waren wie diese Hand, die mich als Kind über Wasser hielt, eine Stütze, auf die ich bauen konnte. Ich vermisse ihn sehr, und es wäre schön gewesen, meine Erfolge mit ihm teilen zu können.

Erinnerungen von Gaia Gorrini

Buds Nichte, Cristianas Cousine

Schon als kleines Mädchen hatte ich eine großartige Beziehung zu Onkel Carlo. Er nahm uns Kinder oft in seinem Cabriolet mit, die Musik voll aufgedreht. Später arbeiteten wir sogar zusammen. Mein Großvater war ein einfacher Mann, aber sehr talentiert. Als ich das Drehbuch für den Film *Cantando dietro i paraventi (Singing Behind The Screens)* las, dachte ich sofort, dass Onkel Carlo, also Bud Spencer, perfekt für die Rolle des alten Captains wäre. Es war der erste Film, den ich als Regieassistentin für den großen Ermanno Olmi drehte. Natürlich war ich ein wenig nervös.

Das Casting hatte bereits begonnen, und mit jedem Schauspieler, der vorsprach und für diese Rolle abgelehnt wurde, wurde meine Überzeugung stärker, dass Bud der Richtige dafür war. Es war ein kleines Wagnis, dem Regisseur Bud Spencer vorzuschlagen, aber nach wochenlangen schlechten Castings fand ich schließlich den Mut. Ich ging zu Olmi und sagte ihm, dass ich den perfekten Schauspieler für den Captain gefunden hätte.

»Na, dann lass mal hören«, sagte er zu mir, und ich kämpfte mit meiner Schüchternheit. Ich dachte, dass er mich vielleicht feuern würde, aber ich musste es einfach versuchen. Also sagte ich in nur einem Atemzug: »Mein Onkel ... Bud Spencer!«

Ich hätte nie gedacht, dass Olmi erfreut darauf reagieren würde. Sein Gesicht hellte sich auf, und er erzählte mir, dass er mal eine lange Zeit im Krankenhaus gelegen hatte. Die einzigen guten und unbeschwerten Momente waren damals die, wenn er Buds Filme im Fernsehen sah. Kurz gesagt, der Maestro war ein Fan von Bud und hatte ihm schon in der Vergangenheit signalisiert, mal einen Film mit ihm machen zu wollen. Dann aber war einige Zeit ins Land gegangen, und er hatte ihn ein wenig »aus dem Kopf« verloren.

Wir vereinbarten sofort ein Treffen, und den Rest der Geschichte sieht man im Film! Es war eine harte und schwierige Arbeit, der Dreh fand von August bis Dezember in Montenegro statt. Es war bitterkalt, und der Dreh auf dem Meer mit den extra gebauten Piratenschiffen war ziemlich mühsam und anstrengend. Es hat sich aber gelohnt!

Der Film ist ein Meisterwerk, und Bud hat bewiesen, dass er auch eine »andere« Seite hat. Diese beiden Männer, die scheinbar so verschieden waren, hatten ein gutes Verhältnis zueinander, voller Zuneigung und gegenseitigem Respekt. In jenem Jahr erkannte man im italienischen Kino endlich, was Bud Spencer konnte, und zollte ihm mit dem David di Donatello, dem bedeutendsten italienischen Filmpreis, den lang verdienten Respekt!

*

Bud am Set mit dem Produzenten Italo Zingarelli. Er produzierte »Die rechte und die linke Hand des Teufels«, »Vier Fäuste für ein Halleluja« und »Zwei Himmelhunde auf dem Weg zur Hölle«.

Oben: Bei der Uraufführung von »Hügel der blutigen Stiefel« mit Giuseppe Colizzi, 1969.
Unten: Hill, Colizzi und Spencer bei der Premiere von »Vier für ein Ave Maria«, 1968.

1

Oben: Colizzi beim Dreh von »Gott vergibt ... Django nie!«, 1967.
Unten: Buds Airstream-Wohnwagen.

Bud bei der Arbeit.

Mit dem legendären Produzenten Horst Wendlandt.

Oben: Terence, Bud und Maria am Set von »Die Troublemaker«, 1994.
Unten: Vorbereitungen zum Dreh, 1994.

Oben: Bud in Action beim Dreh von »Zwei Himmelhunde auf dem Weg zur Hölle«, 1972.
Unten: Auch wenn es heftig aussah – verletzt wurde niemand!

Oben: »Zwei Himmelhunde auf dem Weg zur Hölle«, 1972.
Unten: Bud und Terence, ein perfektes Duo, 1972.

Oben: Bud bei Dreharbeiten in Cartagena, 1972.
Unten: Szene aus »Zwei Himmelhunde auf dem Weg zur Hölle«, 1972.

Am Set von »Jack Clementi – Anruf genügt«, 1989,
Regie Stefano Vanzina, genannt Steno.

Oben: Am Set von »Zwei Himmelhunde auf dem Weg zur Hölle«, 1972.
Unten: Bud Spencer in »Söhne des Windes« (»Hijos del viento«, 2000).

Oben: Bud am Set von »Söhne des Windes« (»Hijos del viento«, 2000).
Unten: Bud und Enzo Cannavale in »Hector, der Ritter ohne Furcht und Tadel«, 1975.

Oben: Maria, Terence, Cristiana und Bud am Set von »Das Krokodil und sein Nilpferd«. Unten: Im roten Kleid am Set von »Plattfuß in Afrika«, in dem Cristiana einige Sekunden zu sehen ist.

Szenen aus »Gott vergibt ... Django nie!«, 1967, von Giuseppe Colizzi. Es war der erste Film, in dem Bud Spencer und Terence Hill gemeinsam in den Hauptrollen zu sehen sind.

23 Bud als Kapitän am Set von »Cantando dietro i paraventi«, 2003, Regie Ermanno Olmi. Bud wurde für diesen Film mit dem David di Donatello Award ausgezeichnet.

Bud als »Hector, der Ritter ohne Furcht und Tadel«, 1975,
Regie Pasquale Festa Campanile.

Die Erinnerungen an diesen Film sind vielfältig … Eines Morgens gab mir Olmi einen zweiseitigen Dialog für Bud, die Bud unmittelbar vor dem Dreh hätte lernen sollen. Als ich Bud, der schon in der Maske saß, die Blätter gab, sagte er mir, dass er diesen sehr komplizierten und sehr langen Dialog niemals in so kurzer Zeit lernen könne. Ich versuchte, ihn zu überzeugen, aber er blieb stur. Also sagte ich zu ihm: »Okay, also gehe ich zu Olmi und sage ihm, dass du den Text nicht lernen willst!« Da sah er mich mit seinen freundlichen Augen an und verhielt sich wie ein Kind vor seinem Lehrer. Mit seiner wunderbaren Stimme sagte er: »Nein, nein, nein, bleib hier! Schon gut, alles klar, ich werde es lernen!« Und tatsächlich hat er eine tolle Szene abgeliefert.

Eine Sache, die uns wirklich zum Lachen brachte, passierte gegen Ende der Dreharbeiten, als beide, nicht mehr die Jüngsten und völlig übermüdet, sich mit falschem Namen ansprachen: Für Olmi wurde aus dem *Capitano* der *Kommandant* oder *Sergeant*, und für Bud wurde *Ermanno* zu *Armando*. Der Dialog zwischen ihnen war wie folgt.

Bud schreit vom Schiff aus: »Armà, es reicht jetzt, ich mach keine Szene mehr!«

Olmi: »Sehr gut, Kommandant, machen wir noch eine!«

Bud machte seine typische Grimasse, die man aus seinen Filmen kennt, wenn es in ihm brodelt. Er sah mich fast ungläubig an und fragte mich: »Was hat er gesagt?« – »Er sagte, du musst noch eine machen!!!!!« Es war mucksmäuschenstill am Set, dann brach Bud in Gelächter aus, und wir drehten weiter!

Die Zusammenarbeit mit ihm hat mich wichtige Dinge gelehrt, die sich in mein Gedächtnis gebrannt haben und unmöglich zu vergessen sind.

Ein Wort von Alessandro Colizzi

Sohn des Regisseurs Giuseppe Colizzi

Ich hänge sehr an Buds Figuren. Das war schon immer so. Vor allem in den ersten beiden Filmen meines Vaters, *Gott vergibt… Django nie!* und *Vier für ein Ave Maria*. Da ist etwas in ihm, in seinem Gesicht, vielleicht in seiner Art, Dinge zu tun, was mich immer an meinen Vater erinnert. Ihn in diesen Filmen zu sehen, hat eine besondere Wirkung auf mich. Es löst sofort Nostalgie aus, und seit Jahren versuche ich, die Gründe dafür zu verstehen. Schließlich gibt es bei genauerem Hinsehen keine große Ähnlichkeit zwischen den beiden, aber in einigen Szenen kann ich nicht umhin, in manchen von Buds Gesichtsausdrücken die meines Vaters zu sehen.

Es gibt eine besondere Szene, über die ich jedes Mal stolpere: der Beginn von *Vier für ein Ave Maria*: Bud und Terence kommen in einem Wagen ins Dorf, halten an, um Rinder vorbeizulassen, und während sie darauf warten, bemerkt Bud ein Kind, das die beiden beobachtet. Bud zwinkert ihm zu, und der Junge gibt ihm ein Zwinkern zurück und isst weiterhin seinen Snack. Dieser Moment der Komplizen-

schaft, die Art und Weise, wie Bud zwinkert, die Liebens-
würdigkeit, die er in dem Moment zu vermitteln vermag, ist
etwas, was mir jedes Mal auffällt, weil es eine sehr persön-
liche Verständigungsweise ist.

Als die ersten beiden Filme mit dem Duo Spencer/Hill
gedreht wurden, war ich fünf und sechs Jahre alt und mein
Bruder zwei Jahre jünger. In Almería gingen wir fast nie
zum Set, wir blieben im Hotel und spielten mit dem Kindermädchen im Pool. Eines Tages nach dem Dreh, soeben im
Hotel angekommen, sprang Carlo plötzlich in den Pool und
holte ein Kind heraus, das ohne Schwimmflügel im Wasser
zu ertrinken drohte. »Wem gehört das Kind?«, fragte er in
seiner unnachahmlichen Bud-Spencer-Art. Es war mein
Bruder Pier Francesco, der Jahre später wieder gerettet
werden musste, diesmal im Meer von Fregene, von Glauco
Onorato, dem außergewöhnlichen Synchronsprecher von
Bud Spencer.

25

Cripe Art und No Regrets

Als Kind habe ich mit Buntstiften Kritzeleien gemalt, in denen ich klare Bilder und Gefühle sah, die mein Verstand mir vorgab. In diesen Strichen drückte ich die kleine emotionale Welt aus, die in mir steckte. Aber ich war noch sehr klein und konnte nicht ausreichend darstellen, was ich gesehen hatte. Alle um mich herum sagten immer nur: »Du hast aber ein schönes Bild gemalt!« Und da endete auch schon ihr Interesse an dem, was ich für großartige Zeichnungen und Gemälde von seltener Schönheit hielt. Wahrscheinlich waren die Zeichnungen meiner Brüder viel schöner als meine, weil sie begabter waren, aber für mich war es wichtig zu zeichnen und zu malen, weil ich spürte, dass ich eine tiefe innere Stimme befreien konnte.

Papa war da anders: Wenn er von der Arbeit zurückkam, setzte er sich auf mein Bett, nahm meine Bilder in die Hand, beobachtete sie sorgfältig und fragte mich dann, was sie darstellten. Er war dabei immer sehr konzentriert, nahm sie immer wieder in die Hand, um sie mit frischem Blick zu betrachten. Er kommentierte sie, als wären sie bedeutende Gemälde. Stolz wie ich war, verriet ich ihm meine Interpretation, und er nickte mit dem Kopf, lächelte und sagte mir, ich solle weitermachen, denn hinter meinem Gesicht verberge sich meine Seele und durch die Zeichnungen könnte ich versuchen, der Welt das Geheimnis der Schönheit dessen zu vermitteln, was uns umgibt und was nicht jeder sehen kann. »Niemals den Blick verlieren, den man als Kind hat«, sagte er, »wenn man groß wird, ist alles durch Typen definiert, durch Klassifizierungen, die unser Wissen einschränken. Aber darüber hinaus gibt es das Gefühl, das wie aus dem Nichts kommt, das man nicht kennt und das vergeht, ohne Lärm zu machen, außer mit dem Klang eines Tropfens, der aus dem Auge perlt …«

Heute bedeutet das Malen für mich, in jenen Eigenschaften, Gefühlen und Emotionen zu bleiben, die hoffentlich andere erreichen werden, wenn sie meine Bilder sehen. Ich suche und rufe Bilder ab, die mich berührt haben, auf meinen Reisen, in meinem Alltag oder in den Kunstformen der verschiedenen Kulturen der Welt. Meine früheren Kritzeleien sind nun zu eisernen Linien und Bändern geworden, die versuchen darzustellen, wie alles um uns herum mit der Welt der Emotionen verbunden ist.

Ich bin daran interessiert, die Verbindungen darzustellen, die der Zeit trotzen, die zerbrechlichen, starken und unauflöslichen Bande, die den Fluss des Lebens ausmachen. Ich versuche denen, die meine Werke anschauen, die Möglichkeit zu geben, eine Verbindung zwischen ihrer Seele und meiner herzustellen, zwischen ihren verborgensten Erinnerungen und meinen Bildern. Ich versuche, in den Skulpturen die Einzigartigkeit der Erinnerungen zu veranschaulichen.

Auch meine No-Regrets-Sparschweine wurden mit der Unterstützung meines Vaters geboren. Am 8. Juni 2016 haben wir gemeinsam eine Charity-Auktion in Rom durchgeführt, um einer gemeinnützigen Organisation bei der Unterstützung von Kindern in Not zu helfen. Wir haben es geschafft, eine große Summe Geld zu sammeln, und waren sehr zufrieden. 19 Tage später verließ Papa uns, aber gerade die Erinnerung daran, wie leidenschaftlich er dieses Engagement für die Nächstenliebe unterstützte, veranlasste mich, an der Gründung einer gemeinnützigen Organisation zu arbeiten, deren Ziel es ist, die Kinderrechte zu stärken und zu schützen. Ein Thema, das meinem Vater sehr am Herzen lag.

Das Symbol, das ich gewählt habe, ist das Sparschwein, das aus jener Erinnerung an meine Kindheit stammt, als mein Vater mir mal eines geschenkt hatte. Das Sparschwein ist eine Schatzkiste, Hüter von Schätzen, Träumen, Gedanken, Gerüchen und Emotionen, und es kann in einer Farbe der Wahl angemalt werden. So viele Möglichkeiten stecken in einem so kleinen Terrakotta-Objekt.

Ich war schon immer vom Sparschwein fasziniert, es schien mir voller Überraschungen zu sein, und wenn man seinen Schatz sah, tröstete es über den Schmerz hinweg, das Schwein zerbrochen zu haben.

Außerdem stellt das Sparschwein mit seiner Kugelform den Kosmos dar, um den sich alles dreht … es ist ein Anziehungspol (so wie es Papa auch war). Mit seiner abgerundeten Form erinnert es an den mütterlichen Bauch, der erschafft, nährt und beruhigt.

In jedem Sparschwein, das ich herstelle, befinden sich eine Münze, ein Parfüm und eine Karte mit einem Satz, den man erst lesen kann, wenn man das Schwein zerbricht, denn ich möchte, dass dafür alle Sinne aktiviert werden. Die Sparschweine sind in Serien unterteilt, meine Lieblingsserie ist die »Limited Edition« für diejenigen, die noch zu träumen wissen.

No-Regrets-Spardosen erlauben es jedem von uns, einen kleinen Traum zu verwirklichen, vorrangig helfen sie aber anderen. Und wenn jeder einen kleinen Beitrag leistet, werden aus den kleinen Dingen große. Außerdem bin ich fest davon überzeugt, dass man geben muss, bevor man ans Nehmen denkt.

26

»Sie nannten ihn Spencer«

Der Dokumentarfilm von 2017

Diese Dokumentation über die Figur Bud Spencer erzählt die wahre Geschichte von zwei Fans, die sich auf den Weg machen, um Bud Spencer zu treffen und ihm ein Geschenk zu überreichen, eine Marionettenfigur, die ihn verkörpert. Damit wollen sie ihre Dankbarkeit für das ausdrücken, was er für sie getan hat, ohne es zu wissen. In dem Film dreht sich alles um Buds Karriere: Er erzählt von seinen sportlichen Leistungen und seinen erfolgreichen Filmen mit Terence. Man könnte ihn auch als Bud Spencers neuesten Film bezeichnen, da Bud tatsächlich erscheint, als die beiden Fans ihn am Ende ihrer Reise endlich treffen.

Neben der Tatsache, dass acht Jahre daran gearbeitet wurde, besteht die Besonderheit dieses Films darin, dass Marcus, einer der beiden Protagonisten, blond ist und blaue Augen hat, ehemals ein Mitglied einer Kampfeinheit der deutschen Polizei war, der sich während einer Aktion das Genick brach und ein Jahr mit zwei gebrochenen Wirbeln im Bett lag. Die Ärzte sagten ihm damals, dass er nie wieder aufstehen könne. In dieser dramatischen Zeit waren die Filme von Bud Spencer und Terence Hill das Einzige, was ihn von seinen

Sorgen ablenkte. Die Energie und Kraft, die diese beiden Charaktere mit ihren Filmen auf ihn übertragen haben, waren die Grundlage für seine vollständige Genesung.

Der andere Protagonist, Jorgo, ist ein etwas korpulenter, von Geburt an blinder junger Mann, der schon in seiner Kindheit alle Filme von Bud und Terence kennenlernte, indem er sie hörte und die Filmmusik sowie alle Witze der beiden auswendig lernte. Der junge österreichische Filmemacher Karl-Martin Pold hat Regie geführt, und die Presse war des Lobes voll: »*Ein energischer und herzlicher Film über einen sehr besonderen Mann der Filmgeschichte. Ein Fest für Fans und Nachhilfe für Unbelehrbare!*«, schrieb beispielsweise die Süddeutsche Zeitung.

Als Marcus und Jorgo Papa kontaktierten, um zu versuchen, ihn zu treffen und die letzte Szene dieser Dokumentation mit ihm zu drehen, war es sehr emotional für ihn. Die Begegnung mit zwei Menschen, die so große Schmerzen und Leiden erlitten haben wie Jorgo und Marcus, für die seine Filme eine solche Unterstützung waren, hat ihn sehr berührt. Ebenso die Tatsache, dass die beiden und ihr ganzes Team jahrelang gearbeitet und sich engagiert haben, um ihren Traum vom Dokumentarfilm über Bud zu erfüllen.

Ihr Treffen war für uns alle ein besonderer, sehr emotionaler Tag.

Kurzbiografie Bud Spencer

Anfänge

Carlo Pedersoli wurde am 31. Oktober 1929 in der schönen Stadt Neapel in der Via Generale Orsini 40, Bezirk Santa Lucia, geboren. Sternzeichen: Skorpion (wie seine Töchter Cristiana und Diamante auch).

Sein Vater und sein Onkel hatten eine Eisenmöbelfabrik geerbt. Frei nach der Regel »Eine Generation schafft, eine Generation genießt, die dritte Generation verliert« sollte der Krieg ihnen in die Quere kommen. Sein Vater und sein Onkel konnten ihren Reichtum nicht lange genießen, und Carlo und sein Cousin Alessandro (heute ein Anwalt von internationalem Ruf) sollten nichts zu verlieren haben, denn die Bombenangriffe im Krieg vernichteten alles.

Als sie mehr oder weniger »arm« wurden, verließ die Familie Neapel in Richtung Rom, wo Carlo anfing, sich für das Schwimmen zu begeistern. Außerdem war er so lernbegierig, dass er sich im Alter von noch nicht einmal 17 Jahren an der Universität an der Fakultät für Chemie einschrieb und damit dort der jüngste Student aller Zeiten wurde.

In Rom waren die Probleme aber nicht gelöst, das Geld ging aus, und Carlos Vater konnte keinen Job finden. Von

Frustration und Hoffnung bewegt, zog die ganze Familie 1947 nach Brasilien, wo sie alle hart arbeiten mussten, um zu überleben. Nach seinem überhasteten Studienabschluss begann Carlo eine Reihe von Arbeiten, nachdem auch sein Vater durch verschiedene Länder Südamerikas gereist war: In Rio de Janeiro war er Arbeiter am Fließband, Bibliothekar in Buenos Aires sowie Chemiker in einem Labor zum Färben von Krokodilhäuten. Das einzige Ergebnis waren perfekte Kenntnisse der spanischen Sprache und des Portugiesischen.

Kino und erste Erfolge im Schwimmen

Ende der 40er-Jahre kamen sie alle nach Italien zurück, und schließlich fand sein Vater einen Job. Das Schwimmen wurde ein wichtiger Teil von Carlos Leben. Mit der Società Romana Nuoto wurde er italienischer Meister im Brustschwimmen. 1950, nachdem er von Erfolg zu Erfolg geeilt war, war er der erste Italiener, der im 100-Meter-Freistil im Schwimmbad Salso Maggiore unter einer Minute lag. Es war ein unvergessliches Ergebnis. Diesen Titel sollte er zehn Jahre lang behalten.

Der tapfere Junge schrieb sich an der Universität Rom an der Juristischen Fakultät ein, wo er alle Prüfungen bis auf eine ablegte. Um etwas Geld zu verdienen, versuchte er – wie viele römische Jungen mit einem guten Körper – sein Glück beim Film.

In Rom wurden damals amerikanische Großproduktionen gedreht, die monatelang dauerten und ein gutes Einkommen versprachen. So spielte er in *Quo Vadis?* einen Leibwächter des Römischen Reiches, und im Film *In einem anderen Land* einen Carabiniere.

Olympia

Das Schwimmen prägte weiterhin sein Leben in diesen Jahren: So wurde er 1952 für die Olympischen Spiele in Helsinki und 1956 in Melbourne ausgewählt, als Schwimmer und Wasserballer war er Teil der italienischen Nationalmannschaft.

Nach den Olympischen Spielen wurde er zusammen mit Angelo Romani, Rekordhalter im 400-Meter-Freistil, an die University of Yale, USA, eingeladen, eine Ehre, die den Besten vorbehalten ist. Er verbrachte sechs Monate im Training und Wettkampf, aber er bekam nicht viel vom amerikanischen Leben mit und lernte nur ein paar Worte Englisch, auch weil er das Zimmer mit einem japanischen Sportler teilte.

Laut seinem Trainer hätte Carlo im Freistil unter den ersten drei der Welt sein können, wenn er nur mit dem Rauchen aufgehört und trainiert hätte. Aber für Carlo stand im Vordergrund, das Leben zu genießen, das war seine Philosophie. Er hielt sich stets für einen Amateur in allem, was, so sagte er, sehr wichtig sei, weil man dadurch alles in vollen Zügen genießen kann. Er war ein Naturtalent.

Zurück nach Südamerika

1957 beschloss er, mit zwei Freunden wieder nach Südamerika zu reisen, diesmal nach Venezuela. Er kam nach
Caracas und fand sich mitten in einer der verschiedenen
Revolutionen wieder, die in diesem Land regelmäßig statt-
fanden. Dieses Mal ging es um die Vertreibung des Tyran-
nen Marcos Pérez Jiménez.

Er machte diese weitere Reise, getrieben von der Ableh-
nung, ein komfortables Leben zu führen; es fehlte ihm nicht
an Geld, er handelte mit Autos, den großen amerikanischen,
die in jenen Jahren gut liefen. Aber es wurde zu einem ergeb-
nislosen Alltagstrott. Er brauchte eher Emotionen, Begeisterung und Abenteuer, aber vor allem musste er lernen, wer er
wirklich war und wo seine Grenzen waren. Im Rahmen des
Baus einer Straße, die Panama mit Buenos Aires verbinden
sollte, der sogenannten »Panamericana«, begann er, für ein
amerikanisches Unternehmen im Amazonasdschungel zu
arbeiten. Die Begegnung mit den Indios offenbarte ihm das
ursprüngliche und spirituelle Leben und lehrte ihn viele
Dinge. Es war eine unvergessliche mystische Erfahrung,
die zweifellos seine fatalistische Seite und das »Hier und
jetzt«-Leben in ihm stärkte.

Als die Arbeit an der Panamericana beendet war, handelte
er wieder mit Autos, immer mit einer großen Leidenschaft
für Flugzeuge und Boote.

Rückkehr nach Rom

1960, nach zwei Jahren in Venezuela, reiste er nach Rom, um seine Eltern zu besuchen und dann wieder nach Caracas zurückzukehren.

Aber das Leben hatte andere Pläne mit ihm: Er begegnete Maria Amato! Am 25. Februar 1960 heirateten sie. Eine Ehe, die mehr als 50 Jahre halten sollte. Aus dieser Ehe gingen drei Kinder hervor: Giuseppe, Drehbuchautor und Produzent, Cristiana, Malerin und Bildhauerin, sowie Diamante, Architektin und Innenarchitektin. Die drei haben fünf fantastische Kinder großgezogen, Buds Enkel: Nicolò (Manager), Alessandro (Designer), Carlo (Meister in MMA), Sebastiano (Schauspieler) und eine einzige Frau, die schöne Sofia, die Kommunikationswissenschaften studiert.

Sprung ins Jahr 1967: Carlo beschäftigte sich mit Werbung und Musik, schrieb Texte für bekannte Interpreten italienischer Lieder aber auch Lieder, die er selbst unter dem Künstlernamen Carlo Poli interpretierte.

Als er sich ein schönes Büro in den damaligen Safa-Palatino-Studios einrichtete, sprach ihn Giuseppe Colizzi wegen eines Filmes an, in den der Regisseur alles investiert hatte: seinen Geist, seinen Ideenreichtum und sein ganzes Geld. Für seinen Film braucht er einen riesengroßen und athletischen Mann wie Carlo. Einen Schwimmer, der den anderen Protagonisten des Films über einen Fluss tragen kann. Trotz Carlos Ausflüchten gibt Colizzi Gott sei Dank nicht auf, sodass Carlo am Ende zusagt. Der Film hieß *Gott vergibt... Django nie!*

Das Treffen mit Terence Hill

Sein wichtigster Filmpartner war Mario Girotti. Carlo und er sollten ein glanzvolles Duo werden. Ihre Filme gingen rund um die Welt und sollten mehrere Generationen begleiten. Da es zu jener Zeit angesagt war, als Schauspieler einen amerikanischen Namen zu haben, wurden sie zu Bud Spencer und Terence Hill. Aus Begeisterung über die großen Erfolge gab Carlo seinem dritten Kind den Namen Diamante, benannt nach der Partnerin von Giuseppe Colizzi.

Nach *Gott vergibt... Django nie!*, ihrem internationalen Durchbruch, prasselten die Jobangebote auf Bud und Terence ein. Die Entscheidung fiel schwer, aber zum Glück wählten sie ein Drehbuch mit dem Titel *Lo chiamavano Trinità*, auf Deutsch *Sie nannten ihn Dreifaltigkeit* von E. B. Clucher, dessen wirklicher Name Enzo Barboni lautete und der auch Regie führen sollte. Der Film hieß in Deutschland *Die rechte und die linke Hand des Teufels* und sollte noch 40 Jahre später Zuschauer auf der ganzen Welt verzaubern. Im folgenden Jahr, wieder unter der Regie von E. B. Clucher, drehten sie *Vier Fäuste für ein Halleluja*, der Bud Spencer und Terence Hill endgültig zu internationalen Stars machte.

Filme über Filme

Zwischen 1972 und 1974 feierte das Duo mit Blockbustern wie *Zwei Himmelhunde auf dem Weg zur Hölle*, *Zwei wie Pech und Schwefel* oder *Zwei Missionare* große Erfolge.

Danach machten Bud und Terence als Duo eine Pause, jeder drehte eigene Filme. Es war keine Trennung, sondern nur eine Unterbrechung, denn obwohl sie sich sehr gerne mochten, musste jeder seine eigenen Projekte erforschen.

Auch hier wurde Bud von der Welle des Erfolgs erfasst. Er drehte die erfolgreichen *Plattfuß*-Filme zusammen mit Enzo Cannavale, dem großen neapolitanischen Schauspieler und guten Freund, und *Auch die Engel essen Bohnen* mit dem fantastischen Giuliano Gemma. Es folgten die beiden Filme *Der Große mit seinem außerirdischen Kleinen* und *Buddy haut den Lukas*. Zwischendurch trafen sich Bud und Terence wieder vor der Kamera, zuletzt 1994 bei dem Film *Die Troublemaker*, bei dem Terence Hill Regie führte.

Auf der ganzen Welt wurde Bud immer beliebter, sodass auch erste Auszeichnungen winkten. 1975 erhielt er in Deutschland den Bambi, 1979 wurde ihm dort der Jupiter Award der Zeitschrift Cinema als beliebtester Filmstar verliehen.

Im Jahr 2003 bot ihm der große Ermanno Olmi eine Rolle in dessen wunderbarem Film *Cantando dietro i paraventi* an. Seine Nichte Gaia Gorrini wirkte bei dem Film als Regieassistentin mit und begleitete ihn bei den anstrengenden Dreharbeiten auf verfallenen Booten in Montenegro. Dieser letzte Film sollte eine Erfahrung sein, auf die er immer stolz sein würde, und er brachte ihm den David di Donatello Award 2010 ein.

Die Fliegerei

Das Kino hat im Leben von Carlo Pedersoli eine sehr wichtige Rolle gespielt, und ein großer Teil seiner Familie war und ist in dieser Branche tätig.

Der Vater seiner Frau, Giuseppe Amato, produzierte in den 50er- und 60er-Jahren Filme, die Kinogeschichte geschrieben haben, nicht zuletzt der weltweit bekannte *La dolce vita* (*Das süße Leben*). Buds Sohn Giuseppe ist Produzent, und seine Nichte Gaia Gorrini ist Regieassistentin.

Sicherlich war es das Kino, das ihm erlaubte, sich seiner größten Leidenschaft zu widmen: dem Fliegen, mit dem er am Set von *Zwei Himmelhunde auf dem Weg zur Hölle* zum ersten Mal in Berührung kam. Dort verliebte er sich in das rosa lackierte Flugzeug am Set, das er natürlich mit einem Piloten an seiner Seite flog.

Es war Liebe auf den ersten Blick, die andauerte, bis er aufgrund seines Alters gezwungen war, damit aufzuhören. In seiner aktiven Zeit als Pilot machte er auch den Flugschein für Hubschrauber (gültig für Italien, die Schweiz und die USA) sowie eine Lizenz für Düsenflugzeuge. 1976 gründete er das Unternehmen La Baltro Italiana, mit dem er von ihm entworfene Kinderbekleidung produzierte. 1981 gründete er Mistral Air, zunächst ein Charterunternehmen, dann ein Fracht- und Posttransportunternehmen in Italien, das er schließlich an Poste Italiane verkaufte.

Musik und Kochen

Eine weitere große Leidenschaft Buds war immer die Musik. Als echter Neapolitaner und dank des Einflusses seiner Südamerikareisen liebte er Musik, Gesang, Spiel und Tanz. Diese Leidenschaft sollte ihn immer begleiten, sowohl im Privatleben als auch in seinen Filmen. Er schrieb viele Songs, von 1961 bis 1963 arbeitete er für das Plattenlabel RCA und verfasste Texte für Nico Fidenco und Ornella Vanoni. Einige seiner Lieder fanden sich auch in seinen Filmen wieder. Zu den berühmtesten Liedern, die er geschrieben und interpretiert hat, zählen: *El Indio Chaparral* in *Sie nannten ihn Mücke*, *Banana Joe* im gleichnamigen Film, und *Grau, Grau, Grau* in *Das Krokodil und sein Nilpferd*. Er spielte Saxophon in *Zwei Supertypen in Miami* und sang in der berühmten Chorszene in *Zwei wie Pech und Schwefel*. Unter dem Pseudonym Carlo Poli schrieb und sang er 1958 *Two Lovers* und *Je suis nerveux*. Weitere Songs waren *In una nuvola* und *Ciuf ciuf ciá*, deren Musik- und Textschöpfer er war.

In den letzten Jahren nahm er eine CD mit neapolitanischen, französischen und italienischen Liedern auf, die von ihm geschrieben und interpretiert wurden. Das berühmteste, *Futtetenne*, drückt seine Lebensphilosophie aus. Dieses Album beinhaltet auch einige seiner seit 1958 entstandenen Songs.

Und zu guter Letzt war da noch seine Leidenschaft fürs Kochen. Als wahrer Neapolitaner hat er immer mit einem ganz besonderen Flair gekocht.

Filmografie Carlo Pedersoli

- **Quo vadis?** von Mervyn LeRoy (*Quo Vadis*, 1951)
- **Torpedomänner greifen an** von Antonio Leonviola und Carlo Lizzani (*Siluri umani*, dt. *Menschliche Torpedos*, 1954)
- **Ein Held unserer Tage** von Mario Monicelli (*Un eroe dei nostri tempi*, 1955)
- **Il cocco di mamma** von Mauro Morassi (1957)
- **In einem anderen Land** von Charles Vidor (*A Farewell to Arms*, 1957)

Filmografie Bud Spencer ohne Terence Hill

- **Heute ich … morgen Du!** von Tonino Cervi (*Oggi a me… domani a te!*, 1968)
- **Die letzte Rechnung zahlst du selbst** von Giorgio Stegani (*Al di là della legge*, 1968)
- **Die im Dreck krepieren** von Giuliano Montaldo (Originaltitel *Gott mit uns / Dio è con noi*,1969)
- **Die fünf Gefürchteten** von Don Taylor und Italo Zingarelli (*Un esercito di 5 uomini*, 1969)
- **Vier Fliegen auf grauem Samt** von Dario Argento (*Quattro mosche di velluto grigio*, 1971)
- **Sie verkaufen den Tod** von Tonino Valerii (*Una ragione per vivere e una per morire*, 1972)
- **Der Sizilianer** von Carlo Lizzani (*Torino nera*, 1972)
- **Halleluja … Amigo** von Maurizio Lucidi (*Si può fare… amigo!*, 1972)

- **Auch die Engel essen Bohnen** von E. B. Clucher (*Anche gli angeli mangiano fagioli*, 1973)
- **Sie nannten ihn Plattfuß** von Stefano Vanzina (*Piedone lo sbirro*, 1973)
- **Plattfuß räumt auf** von Stefano Vanzina (*Piedone a Hong Kong*, 1975)
- **Hector, der Ritter ohne Furcht und Tadel** von Pasquale Festa Campanile (*Il Soldato di ventura*, 1976)
- **Charleston – Zwei Fäuste räumen auf** von Marcello Fondato (*Charleston*, 1977)
- **Plattfuß in Afrika** von Stefano Vanzina (*Piedone l'africano*, 1978)
- **Sie nannten ihn Mücke** von Michele Lupo (*Lo chiamavano Bulldozer*, 1978)
- **Der Große mit seinem außerirdischen Kleinen** von Michele Lupo (*Uno sceriffo extraterrestre… poco extra e molto terrestre*, 1979)
- **Plattfuß am Nil** von Stefano Vanzina (*Piedone d'Egitto*, 1980)
- **Buddy haut den Lukas** von Michele Lupo (*Chissà perché… capitano tutte a me*, 1980)
- **Eine Faust geht nach Westen** von Michele Lupo (*Occhio alla penna*, 1981)
- **Banana Joe** von Stefano Vanzina (*Banana Joe*, 1982)
- **Der Bomber** von Michele Lupo (*Bomber*, 1982)
- **Bud, der Ganovenschreck** von Bruno Corbucci (*Cane e gatto*, 1982)
- **Aladin** von Bruno Corbucci (*Superfantagenio*, 1986)
- **Jack Clementi – Anruf genügt** von Stefano Vanzina (*Big Man*, TV-Serie, 1988–89)

- **Wenn man vom Teufel spricht** von Enzo Barboni a.k.a. E. B. Clucher (*Un piede in paradiso*, 1991)
- **Zwei Supertypen in Miami** von Enzo Castellari und Alessandro Capone (*Detective Extralarge*, TV-Serie, 1990-93)
- **Zwei Engel mit vier Fäusten** von Ruggero Deodato (*Noi siamo angeli*, TV-Serie, 1997)
- **In den Armen der Bestie** von Eduardo Campoy (1997)
- **Feuerwerk** von Leonardo Pieraccioni (1997)
- **Tre per sempre** von Franco di Chiera (*Three Forever*, 1998)
- **Söhne des Windes** von José Miguel Juaréz (*Hijos del viento*, 2000)
- **Cantando dietro i praventi** von Ermanno Olmi (*Singing Behind Screens*, 2003)
- **Padre Speranza – Mit Gottes Segen** von Ruggero Deodato (*Padre Speranza*, 2005)
- **Mord ist mein Geschäft, Liebling** von Sebastian Niemann (2009)
- **I delitti del cuoco** von Alessandro Capone (*Recipe for Crime*, TV-Serie, 2010)

Filmografie Bud Spencer und Terence Hill

- **Hannibal** von Carlo Ludovico Bragaglia und Edgar G. Ulmer (*Annibale*, noch als Carlo Pedersoli und Mario Girotti, 1959)
- **Gott vergibt… Django nie!** von Giuseppe Colizzi (*Dio perdona… io no!*, 1967)
- **Vier für ein Ave Maria** von Giuseppe Colizzi (*I quattro dell' Ave Maria*, 1968)
- **Hügel der blutigen Stiefel** von Giuseppe Colizzi (*La collina degli stivali*, 1969)

- **Die rechte und die linke Hand des Teufels** von Enzo Barboni a.k.a. E. B. Clucher (*Lo chiamavano Trinità*, dt. *Sie nannten ihn Dreifaltigkeit*, 1970)
- **Vier Fäuste für ein Halleluja** von Enzo Barboni a.k.a. E. B. Clucher (*…continuavano a chiamarlo Trinità*, 1971)
- **Freibeuter der Meere** von Vincenzo Gicca Palli (*Il corsaro nero*, 1971)
- **Zwei Himmelhunde auf dem Weg zur Hölle** von Giuseppe Colizzi (*Più forte, ragazzi!*, 1972)
- **Zwei wie Pech und Schwefel** von Marcello Fondato (*… altrimenti ci arrabbiamo!*, 1974)
- **Zwei Missionare** von Franco Rossi (*Porgi l'altra guancia*, 1974)
- **Zwei außer Rand und Band** von Enzo Barboni a.k.a. E. B. Clucher (*I due superpiedi quasi piatti*, 1977)
- **Zwei sind nicht zu bremsen** von Sergio Corbucci (*Pari e dispari*, 1978)
- **Das Krokodil und sein Nilpferd** von Italo Zingarelli (*Io sto con gli ippopotami*, 1979)
- **Zwei Asse trumpfen auf** von Sergio Corbucci (*Chi trova un amico, trova un tesoro*, 1981)
- **Zwei bärenstarke Typen** von Enzo Barboni a.k.a. E. B. Clucher (*Nati con la camicia*, 1983)
- **Vier Fäuste gegen Rio** von Enzo Barboni a.k.a. E. B. Clucher (*Non c'è due senza quattro*, 1984)
- **Die Miami Cops** von Bruno Corbucci (*Poliziotti dell'ottava strada*, 1985)
- **Die Troublemaker** von Terence Hill (*Botte di Natale*, 1994)

… sowie zahlreiche weitere kleinere Filme.

Veranstaltungen und Auszeichnungen zu Ehren von Bud Spencer

- Bud-Spencer-Festivals werden in Deutschland seit 2001, in Italien seit 2005 und in Ungarn seit 2007 jährlich gefeiert, siehe *www.spencerhill-festival.de*
- 2001: Regisseur Marco Ponti widmete seinen Film *Santa Maradona* Bud Spencer und Terence Hill.
- 2006: Seit 2006 gibt es eine Online-Datenbank, die sich mit den Kinofilmen von Bud Spencer beschäftigt, siehe *www.spencerhilldb.de*
- 2008: Carlo Pedersoli wird von Präsident Giorgio Napolitano die Ehrung »Grande Ufficiale della Repubblica Italiana« verliehen. Anschließend wird er zum UNESCO-Botschafter ernannt.
- 2010: Er erhält den David-di-Donatello-Preis für sein Lebenswerk.
- 2011: Ein Freibad in Schwäbisch Gmünd in Deutschland wird in »Bud Spencer Bad« umbenann. Man wollte ihm zuerst einen Straßentunnel widmen, aber er bevorzugte das Schwimmbad, in dem er selbst geschwommen ist.
- 2016: In Budapest wird der Bud Spencer Park eröffnet.
- 2016: Würdigung von Bud Spencer mit der Ausgabe von vier Briefmarken auf der Salomoneninsel in Ozeanien.
- 2017: Die Deutsche Post gibt zusammen mit BILD zehn verschiedene Bud Spencer-Briefmarken heraus.
- 2017: Im 8. Bezirk von Budapest (Corvin Promenade) wurde eine etwa drei Meter hohe Statue eingeweiht, die Carlo Pedersoli gewidmet ist.

- 2017: Als Teil des Miniaturwunderlandes in Hamburg, im Teil mit Bezug auf Italien (400 Quadratmeter), gibt es eine Gedenkplakette für Bud Spencer.
- 2017: 40 cm hohe Figuren, die Bud Spencer in der Rolle des »Bambino« in *Vier Fäuste für ein Halleluja* darstellen, werden von einer Firma in Bayern auf den Markt gebracht.
- 2017: Die Oliver Onions geben ein Konzert zu Ehren von Bud Spencer im Budapester Arena-Stadion mit mehr als 12.000 Besuchern.
- 2017 erschien *Slaps and Beans*, das erste Videospiel über Bud Spencer und Terence Hill.
- 2017/2019: Zwei Dokumentationen über das Leben von Carlo Pedersoli/Bud Spencer werden in Deutschland und Ungarn produziert, die ein großer Erfolg werden. In Deutschland erscheint *Sie nannten ihn Spencer* von Regisseur Karl Martin Pold im Jahr 2017 und in Ungarn *Piedone nyomában - Bővített moziváltozat* im Jahr 2019 unter der Regie von Király Levente. Beide Filme enthalten eine Reihe von spannenden Interviews, die mit Liebe und Begeisterung entstanden sind.
- 2018: Die »Fondazione Italia USA« (Italy-USA Foundation) verlieh ihm posthum den America Memory Prize.
- 2018: Es wird ein neuer Dune Buggy mit dem Namen »Bud Spencer Buggy« eingeweiht.
- 2019: In Porto di Livorno wird eine lebensgroße Statue von Bud Spencer in der Rolle des »Mücke« eingeweiht.
- 2019: In Fontevivo bei Parma wird Carlo Pedersoli eine Straße gewidmet.

- In Neapel findet eine große Ausstellung über Bud Spencer statt.
- In Venezuela änderte ein Schauspieler seinen Namen in »Bud Spencer Perez«.
- In Deutschland und Ungarn wurden Restaurants eröffnet, die ihre Menüs auf die verschiedenen Filme mit Bud Spencers ausgerichtet haben.
- Es gibt zahlreiche Bands, die den Namen Bud Spencer aufgenommen haben und die Musik seiner Filme spielen: In Deutschland der Giesinger *Bud Spenzer Heart Chor (mit z, nicht mit c!)*, in Italien die Bulldozer Band und die Dune Buggy Band, in Ungarn die Spencer Hill Magic Band.
- In Ungarn gibt es ein Bier mit dem Bild von Bud, das sich auf Buds Figur im Film *Zwei sind nicht zu bremsen* bezieht.
- In Deutschland gibt es die Marmelade »Puffin Jam« aus *Zwei Asse trumpfen auf*, siehe *www.puffinkraft.de.*
- Die Firma Bonduelle verkauft in Ungarn »Plattfuß-Bohnen«.
- Bud-Spencer-Fanclubs sind auf der ganzen Welt vertreten.
- In Italien sind eine Dokumentation und eine TV-Serie über das Leben von Carlo Pedersoli geplant.
- Bud Spencer hat vier Bücher geschrieben, die in Deutschland mit großem Erfolg veröffentlicht wurden.
- Vier Bücher erschienen auch in Italien, in Ungarn wurden drei Bücher veröffentlicht.
- Alle vier Bücher wurden SPIEGEL-Bestseller, sein erstes Werk MEIN LEBEN, MEINE FILME stand sogar eine

Woche auf Platz 1 dieser wichtigsten deutschen Bestsellerliste.

- Außerdem erschienen IN ACHTZIG JAHREN UM DIE WELT als Fortsetzung der Autobiografie, ICH ESSE ALSO BIN ICH als Buds Buch über das Essen und die Philosophie und sein letztes großes Werk WAS ICH EUCH NOCH SAGEN WOLLTE.

BUD SPENCER:
DAS GESAMTWERK

BAND 1

**BUD SPENCER:
MEIN LEBEN, MEINE FILME**

ISBN 978-3-942665-21-6
Preis 14,99 €

BAND 2

**BUD SPENCER:
IN ACHTZIG JAHREN UM DIE WELT**

ISBN 978-3-942665-22-3
Preis 14,99 €

www.bud-spencer.org

BUD SPENCER: MEIN LEBEN, MEINE FILME

BUD SPENCER: IN ACHTZIG JAHREN UM DIE WELT

BUD SPENCER: ICH ESSE ALSO BIN ICH

BUD SPENCER: WAS ICH EUCH NOCH SAGEN WOLLTE...

1

2

3

4

www.bud-spencer.org

Cristiana Pedersoli wurde 1962 in Rom geboren. Sie hat zwei Kinder, Sofia und Nicolò. Cristiana wuchs in einer sehr künstlerisch geprägten Familie auf. Ihr Großvater, Guiseppe »Peppino« Amato, war ein erfolgreicher Regisseur und Filmproduzent (La Dolce Vita). Ihr Vater Carlo war der auf der ganzen Welt beliebte Schauspieler Bud Spencer. Von ihrem Vater nahm sie die Inspiration und Vielseitigkeit auf, die ihren inneren und auch expressiven Weg beeinflussten. Durch ihre Tante kam sie zur Malerei und avancierte zu einer erfolgreichen Künstlerin. Seit ihrer Kindheit schon reist sie um die Welt und kam so mit vielen verschiedenen Menschen in Kontakt. Diese Erfahrungen öffneten ihre Seele für die verschiedensten Kunstformen und Kulturen der Welt.

Im Jahr 2010 schuf sie die sogenannten NO REGRETS-Sparschweine, die von ihr und anderen Künstlern bemalt wurden und mit denen sie Ausstellungen, Veranstaltungen und Wohltätigkeitsauktionen organisiert. Derzeit ist sie an der Gestaltung der Bild- und Skulpturenserie »Legami« beteiligt, schafft eiserne Skulpturen und malt in Schwarzweiß.

»Mein Papa Bud«, ihr erstes Buch, enthält Anekdoten und unveröffentlichte Erinnerungen an die legendäre Figur Bud Spencer, zusammen mit Fotos, Rezepten und Briefen ihres berühmten Vaters.

Cristiana Pedersoli
MEIN PAPA BUD
Erinnerungen an meinen Vater
Mit einem Beitrag meiner geliebten Mutter
Maria Amato Pedersoli

ISBN der Paperbackausgabe
978-3-86265-900-5

© Schwarzkopf & Schwarzkopf Verlag GmbH, Berlin 2019
Published by arrangement with Walkabout Literary Agency
Übersetzung aus dem Italienischen: Thorsten Wortmann
Abbildungen: Privatarchiv Cristiana Pedersoli

VERLAG
Schwarzkopf & Schwarzkopf Verlag GmbH
Kastanienallee 32, 10435 Berlin
Telefon: 030 – 44 33 63 00 | Fax: 030 – 44 33 63 044

INTERNET | E-MAIL
www.schwarzkopf-schwarzkopf.de | info@schwarzkopf-schwarzkopf.de
www.bud-spencer.org